연애는 인생에서 중요한 문제 중 하나다. 그래서 진료실에서 자주 듣게 되는 주제이기도 하다. 자신도 모르는 새 반복하는 연애 패턴을 찾아내고 끊는 작업을 여러 사람들과 함께 해오고 있다. 연애 심리에 대해 고민하면서 만난 책 중 도널드 밀러의 이 솔직한 고백은 단연코 제일 큰 울림을 지니고 있었다.

몇 년 전 연애가 어렵다며 진지한 대화를 요청해 온 아끼는 후배에게, 몇 마디 말로 해결될 문제가 아니라고 느낀 나는 이 책을 권했다. 그리고 개정판 추천사를 적기 위해 오랜만에 다시 책을 펴 본 어제, 그 후배로부터 연락을 받았다. 너무도 예쁜 아기가 태어났다고.

좋은 책에는 사람을 바꾸는 힘이 있다. 이 책을 집어 든 당신에게도 그 힘이 전해지기를 바란다.

―김지용, 정신건강의학과 전문의, 유튜브 뇌부자들 진행자, 《어쩌다 정신과 의사》, 《빈틈의 위로》(공저) 저자

사랑에 예외인 사람이 있을까? 누군가 나를 '사랑'이라는 세상 밖으로 추방해 버린 건 아닐까? '혹시 이 사람일까' '이 사람이었으면 좋겠네' 했던 이와도 결국 헤어진 뒤 텅 비어버린 시간 어딘가에 앉아 그런 생각을 했다. 이 책을 만난 건 그때쯤이다. 가까이 다가가는 것, 진심 어린 사랑을 유지하는 것에 매번 실패했던 도널드 밀러. 그런 그가 하나씩 퀘스트를 깨듯 자신을 알아 가고 두려움을 넘어 친밀함을 배워 가는 이 이야기를 읽을 때마다 여러 번 그를 붙들고 엉엉 울고 싶었다. 그리고 세상 누구도 사랑에서 예외일 수 없다고 말해 주고 싶었다. 그는 나였을지도 모른다.

―서미란, MBC 라디오 피디, 팟캐스트 〈책으로 읽는 내 마음, 서담서담〉 연출 및 진행, 《빈틈의 위로》(공저) 저자

이렇게 대책 없이 솔직한데 가슴뭉클한 연애담이 있을까? 나는 좋은 연애와 멋진 인간관계를 위한 가장 중요한 조건을 이 책을 통해 다시 한 번 확인했다. 그것은 기꺼이 상처받고 자신의 약점을 인정하는 용기이다. 당신도 분명 밀러의 이야기에 울고 웃고, 그러면서 한 뼘 성장할 것이다.
- 김지윤, 좋은연애연구소 소장, 《모녀의 세계》 저자

개인이 자신을 홍보할 수 있는 디지털 도구들은 사람들과의 교류를 더 쉽게 만드는 게 아니라 더 어렵게 만들고 있다. '군중 속의 소외'에서 벗어나 친밀한 인생으로 가는 여정을 보여준 돈에게 고마움을 느낀다. 이것은 힘들지만 보상은 큰 일이다. 내 모습이 정직하게 드러나는 것은 아름다운 일이다.
- 커스턴 파워스, 《USA 투데이》 칼럼니스트

《두려움 없이 사랑하고 싶어서》는 더 깊은 행복을 찾는 이들에게 솔직하고 황홀하고 강렬한 책이다. 돈은 아름다운 이야기와 실제적인 방법을 꾹꾹 눌러 담아 삶을 변화시키는 책을 썼다. 이 책에서 돈이 보여주는 솔직함은 그랜드캐니언같이 웅장하다.
- 마일스 애드콕스, 〈데일리 헬프라인〉 진행자

도널드 밀러가 이 책을 쓴다는 말을 들었을 때부터 좋은 책이 될 줄 알았다. 하지만 결혼생활, 양육, 노동, 믿음에 대한 내 관점을 완전히 바꿔놓으리라는 것은 기대하지 못했다. 모든 사람이 이 책을 읽어야 한다. 하지만 내 책은 아무도 가져갈 수 없다. 나는 이 책을 아무에게도 빌려주지 않을 셈이다. 나는 이 책을 늘 곁에 두고, 생생하게 살아 있는 불완전한 인간은 기적과 같다는 것을 기억할 것이다.
- 글레논 멜턴, *Carry on, Warrior* 저자, Momastery 설립자

두려움 없이
사랑하고 싶어서

© 2014 by Donald Miller
Originally published in English as *Scary Close*

by HarperCollins Christian Publishing, Inc.,
of 501 Nelson Place, Nashville, Tennessee 37214, U. S. A.

All rights reserved.

This Korean translation edition © 2016 by Yellowbrick Books, Seoul, Republic of Korea

Published by arrangement with HarperCollins Christian Publishing, Inc.
through rMaeng2, Seoul, Republic of Korea

이 한국어판의 저작권은 알맹2 에이전시를 통하여 HarperCollins Christian Publishing과
독점 계약한 옐로브릭에 있습니다.
신 저작권법에 의하여 한국 내에서 보호받는 저작물이므로 무단 전재와 무단 복제를 금합니다.

두려움 없이
사랑하고 싶어서

Scary Close

회피하는 마음을 위한
관계 연습

도널드 밀러 지음

최요한 옮김

옐로브릭

일러두기
- 이 책은 2016년에 출간된 《연애 망치는 남자》의 제목을 바꾸어 다시 펴낸 것입니다.

엘리자베스 밀러에게

서문 • 10

작가의 말 • 14

1장 혼란한 소음 같은 불안 • 17

2장 너는 인간관계를 참 잘해 • 25

3장 저마다 사연이 있지만 아무도 말하지 않는다 • 31

4장 몸집을 부풀리는 동물들은 왜 그럴까 • 41

5장 연못에서 수영을 하면서 관계에 대해 배운 세 가지 • 57

6장 진짜 삶에서의 무대 공포증 • 73

7장 우리가 사랑하기로 한 사람들 • 91

8장 지배광 • 103

9장 우리를 조종하는 사람들 • 125

차례

10장 주방에서 달아난 루시 • 141

11장 몸을 사리면 손해를 본다 • 161

12장 훌륭한 부모들의 특기 • 185

13장 의미 있는 인생에 필요한 것들 • 205

14장 남자는 친밀감을 느끼는 방식이 다를까? • 221

15장 당신은 나를 완전하게 하지 못한다 • 241

16장 느린 죽음과 부활 • 255

감사의 말 • 266

서문

우리는 사랑과 관계에 관한 한 모두 아마추어다. 나는 인간관계를 전문적으로 하는 사람을 만난 적이 없고, 나스카NASCAR 레이서처럼 기업체 상표로 도배한 인간관계 재킷을 입은 사람도 본 적이 없다. 인간관계 올림픽 같은 것은 절대 불가능할 것이다. 사실 그런 것이 있다면 동계 올림픽은 보고 싶기는 하다. 우리는 가판대에서 잡지를 사 보고 영화관에서 영화를 보고 실망스러운 옛날 애인들의 말만 듣는다. 결국 나 자신이 누구인지에 대해 왜곡된 생각이 자리잡는다. 사랑에 대해서도 마찬가지다.

돈 밀러는 나와 아주 가까운 친구다. 나는 돈이 나를 좋아한다는 것을 안다. 돈이 그렇게 말했으니까. 하지만 돈이 한마디도 하지 않았더라도 돈이 나를 좋아한다는 것을 알았을 것이다. 내가 크게 기뻐할 때, 상심하고 슬퍼할 때, 도무지 확신이 없을 때, 돈이 나를 어떻게 대했는지 알기 때문이다. 돈은 내 '곁'에 있었다.

몇 년 전 돈은 나와 함께 우간다 굴루에 갔다. 우간다에서는 '신의 저항군Lord's Resistance Army'을 상대한 내전이 한창이었다. 백만 명 이상이 터전을 잃고 행정과 치안이 부재한 난민 수용소에서 생활하고 있었다. 북우간다에 도착한 우리는 호텔에 투숙하지 않고 난민 3만 8천 명이 지내는 수용소에 머물렀다. 여간 불안한 곳이 아니었다. 신의 저항군은 여전히 납치를 자행하고 있었고, 납치는 대부분 난민 수용소에서 발생했다.

돈과 나는 따뜻한 모닥불 근처에 앉아 수용소 지도자들과 이야기를 나누다 저녁 늦게 자리를 떠났다. 우리는 어두운 밤길을 걸어서 숙소인 오두막으로 향했다. 침입자가 나타나 우리를 해쳐도 막을 방법은 없었다. 몸을 숙여 오두막의 작은 입구로 들어오면 돈은 말 없이 매트를 입구 앞에 펼쳤다. 누가 침입하더라도 먼저 돈을 상대하지 않으면 아무도 건드릴 수 없었다. 좋은 친구들은 그렇게 행동한다. 무서운 상황이 닥치면 친구를 뒤로 숨기고 위험에 맞서 서로를 보호한다. 돈은 그런 마음으로 이 책을 썼다.

나는 이메일을 많이 받는다. 당신도 마찬가지일 것이다. 대부분 아는 사람들이 보낸 것이지만 정크메일도 상당히 많다. 나는 이메일을 열기 전에 발신자 주소를 보고 믿을 수 있는 사람이 보낸 것인지 확인한다. 어떤 정크메일은 너무 빤해서 읽지도 않고 없애지만 정크메일이 아닌 것처럼 보이는 것도 많다. 어떤 때는 구분하기가 어렵다. 관계에서도 마찬가지다. 이 책은 당신이 지니고 다녔던 관계의 정크메일을 분류할 수 있게 도와줄 것이다.

하지만 이 책에 무슨 공식 같은 것은 없다. 돈은 영리하고 솔직하게, 때로는 고통스러울 정도로 투명하게 자신의 인생에 대해 쓴다. 돈은 정직과 투명함이 유익한 길잡이라고 생각한다. 돈은 자신의 경험이 모두 옳다고 설득하지 않는다. 하지만 돈 덕분에 나는 좋은 관계에 대한 내 나름의 생각을 바꾸고 득을 봤다.

지난 몇 년간 돈과 나는 여러 번 같은 행사에서 강사로 만났다. 나를 가장 힘들게 하는 건 청중도 강의 주제도 아니다. 돈을 소개하는 일이 나에겐 가장 어렵다. 믿지 못하겠지만 나는 돈을 소개하는 도중에 목이 메지 않은 적이

단 한 번도 없다. 왜 그런지는 모르겠지만 내가 돈을 사랑하기 때문인 것 같다. 사랑은 우리를 강하게 하는 동시에 약하게도 하므로. 나는 돈이라는 사람을 사랑한다. 그가 변해 가는 모습을 사랑한다. 대가를 치르더라도 내가 가장 무서워하는 것에서 나를 보호하기 위해 자신을 희생하는 친구가 되어 줘서 고맙다.

여러분에게 내 친구 돈 밀러를 소개한다. 이번에도 역시 울면서.

밥 고프

작가의 말

언젠가 누가 내게 말했다. 가면을 벗지 않으면, 자신의 본모습을 보여주지 않으면 결코 사랑을 느끼지 못할 거라고.

나는 그 말에 수긍했다. 나는 아주 오랫동안 연기를 하면서 살았다. 사람들의 박수를 받고 싶어서. 그러나 갈채를 받을수록 더 갈채에 굶주렸다. 극장 같은 곳에서 연기를 했다는 말이 아니다. 내가 말하는 것은 실제 삶에서다.

연기를 하지 않는다는 건 생각만 해도 공포였다. 정말로 우리는 사람들이 우리를 있는 그대로 사랑해 줄 거라고 믿을 수 있을까. 인간이라는 이유로 무대에서 기립 박수를 받는 경우는 없다. 노래를 부르든 춤을 추든 해야 한다.

하지만 사랑을 받는 것과 갈채를 받는 것은 다르다는 생각이 든다. 사랑은 쟁취할 수 없다. 그저 주어질 뿐이다. 사랑은 서로에게 온전히 진실한 사람들만이 주고받을 수 있다.

나는 연애 전문가는 아니다. 마흔두 살이 되도록 독신으로 지냈다. 다른 사람에게 내 본모습을 보여주기까지 아주 오래 걸렸다.

긴 여행을 하며 나는 두 가지를 발견했다.

갈채는 임시방편이다. 그리고 사랑은 후천적인 취향이다.

사랑을 담아

도널드 밀러

1장

혼란한
소음 같은
불안

그전까지만 해도 내가 친밀한 관계를 맺는 데 문제가 있다고는 생각해 본 적이 없었다. 황금연휴를 맞아 약혼녀가 애슈빌로 찾아온 날이었다. 나는 결혼 전에 책 한 권을 쓰려고 블루리지 산으로 들어가 오두막을 한 채 빌려 글을 쓰고 있었다. 나는 그녀를 1년 넘게 쫓아다녔고, 데이트를 하려고 그녀가 사는 워싱턴 디시로 이사까지 했으나, 약혼 반지를 끼워 주고 나서는 산속으로 다시 들어갔다. 책을 마치고 싶었다. 약혼녀를 초조와 불안에 떠는 작가와 결혼하게 할 수는 없었다. 어떤 여자도 사각팬티 바람으로 집 안을 돌아다니며 혼자 중얼거리는 신랑을 보면서 신혼 첫해를 보내서는 안 된다. 작가의 삶은 종이 위에서나 낭만적일 뿐이다. 작가의 글과 작가의 삶은 석탄 한 움큼과 다이아몬드만큼이나 다른 게 현실이다. 활자에서 빛나는 작가의 삶은 속임수다.

문제는 내가 원래 그렇게 생겨 먹었다는 것이다. 나는 사람들이 불완전한 내 모습을 받아 주리라 믿지 않는다. 나는 가장 솔직하고 진정성 있는 모습을 세상에 보여주고 싶다. 그래서 막이 오르기 전까지 무대 뒤에 숨어서 솔직하고 진정성 있는 대사를 연습하고 또 연습한다.

내가 이런 말을 꺼내는 것은 나를 좋은 작가로 만들어 준 기질과 인간관계에 젬병으로 만들어 버린 기질이 같기 때문이다. 마냥 무대 뒤에 숨어 지낼 수만은 없다. 사람들을 친밀하게 사귀려면 본모습을 보여줘야 한다. 그러나 나는 여자를 낚으면 진짜 내 모습을 보여줘야 하는 순간에 "고마워요, 당신은 최고의 관객이었어요"라고 작별 인사를 하는 데 도가 텄다. 내 본모습을 전부 보여주기는 고사

하고, 나조차도 내 본모습이 뭔지 몰랐다.

벳시가 애슈빌로 찾아오기 전까지 나는 몇 주 동안 사람을 거의 만나지 않았다. 벳시가 내게 질문을 던졌을 때, 나는 물속을 유영하다가 수면으로 고개를 내민 스쿠버다이버가 된 기분이었다.

  우리는 오두막 앞 연못가에 앉아 있었다. 벳시는 어떻게 그토록 오랫동안 홀로 지낼 수 있느냐고 물었다. 자기 친구들은 책을 쓰기 위해 은둔 생활을 하는 내 능력에 혀를 내두르면서 그런 생활이 건강한 것인지 잘 모르겠다고 말했단다. 벳시가 걱정한 거라 생각하진 않는다. 다만 그런 능력이 낯설었을 뿐이다.

  나는 그 질문을 받고 생각하다가 벳시를 쫓아다닌 한 해 동안 나 자신에 대해 알게 된 바를 말했다. 나는 가만히 있지 못하는 성격이었다. 겨우 몇 사람과 있는 자리에서도 '무대 위의 배우처럼' 뭔가를 해야만 한다고 느꼈다. 하지만 혼자 있으면 기운이 돌아온다. 혼자 있을 때는 아무한테도 뭔가를 보여줄 필요가 없다.

  벳시는 자기한테도 뭔가를 보여줄 필요가 없다고 말했다. 벳시가 말하지 않았어도 나는 그 말이 진심이란 걸 알고 있었다. 나를 무대에서 끌어내리는 사람을 두고 누구와 결혼하겠는가.

벳시의 눈동자는 연못에 비친 나무들처럼 푸르렀다. 그리고 깊었다. 벳시는 상대를 천천히 믿는 성격이고 나는 벳시가 약지에 반지를 끼고도 아직 망설이고 있다는 느낌을 받았다.

내가 사람들의 관심을 받으려고 가만히 있지 못하는 성격이라면, 벳시는 신뢰가 생기기 전까지는 마음을 주지 않는 성격이다. 벳시가 의식적으로 그러는 건 아니다. 벳시의 강인한 겉모습 뒤에는 연약한 면이 있어서 아무에게나 마음을 쉽게 열지 않는다.

나를 만났을 때 벳시는 가까운 사이가 되기 위해서는 시간이 많이 필요하다고 말했다. 아무것도 하지 않고 같이 오랜 시간을 보내야 안심할 수 있다는 뜻이었다. 벳시의 지론은 노래하고 춤추면서 만나고 헤어지는 건 아무나 할 수 있어도 헌신하는 사람들만은 오랜 시간이 지나도 변하지 않는다는 것이었다. 벳시 주변에는 모두 그런 사람들이었다. 내가 사람들의 갈채를 받기 위해 살아오는 동안 벳시는 믿음직한 친구, 친척, 가족들과 튼튼한 기초를 닦았다. 벳시는 그들에게 끝까지 의리를 지켰다.

우리는 데이트를 하는 동안 딱 한 번 살벌하게 싸웠는데 내가 벳시의 친구를 모욕했을 때였다. 사실 나는 벳시의 친구가 무례했고, 그녀가 남자를 우습게 여기지 않으면 남자랑 잘될 수도 있겠다고 객관적인 입장에서 지적한 것뿐이었다. 나는 벳시만 괜찮다면 앞으로 그 여자와 만날 일이 없었으면 좋겠다고 말했다. 벳시는 전혀 괜찮지 않았다.

말 한마디에 우리 관계는 끝날 뻔했다. 벳시는 무릎에 있던 냅킨을 접어서 식탁에 올려놓았다. 그러고는 아무 말 없이 나를 죽일 듯이 노려보았다. 물잔을 채우러 온 종업원은 뒤도 돌아보지 않고 꽁무니를 내뺐다.

벳시가 단지 내 말 때문에 그런 것은 아니었다. 사람을 용도 폐기할 수 있다는 생각이 문제였다. 벳시에게 관계란 평생 함께 대화와 경험을 나누고 다지는 일이었다. 그런 벳시에게 관계를 단절하는 일은 오랫동안 자란 고목을 절단하는 것이나 마찬가지였다. 격한 싸움 뒤 나는 이 여자의 인생이 숲이라면 나는 아직 그 숲에서 자라는 묘목에 불과하다는 것을 깨달았다. 나는 두 번 다시 벳시의 친구를 나쁘게 말하지 않았다. 벳시의 마음을 얻으려면 그 숲에 뿌리를 내리고 벳시와 친구들이 서로 그랬던 것처럼 서서히 나이테를 늘려 가며 벳시에게 신뢰를 주는 수밖에 없었다.

그때 알았다. 이번에는 달라져야 한다는 것을, 내가 누군지 알아야 하고, 내가 누군지 보여줘야 한다는 것을. 이런 게 두렵기만 한 것은 아니었다. 낯설었다. 나는 둘 다 어떻게 하는지 몰랐다. 위험이 컸다. 건강하게 사는 법을 배우든지 건강하게 사는 척하며 여생을 보내든지 해야 했다. 친밀한 사귐이냐, 군중 속의 소외냐, 그것이 문제였다.

나는 벳시를 만나면서 신의 선물을 아주 많이 받았다. 그중 하나가 변하고 싶다는 동기 부여다. 나는 수년간 고립된 생활을 하면서 사람들에게 내가 어떤 사람인지 설명하는 글, 더 정확히 말하면 내가 어떤 사람이 되고 싶은지 설명하는 글을 썼다. 하지만 내 생활은 여러모로 어둡고 외로웠다. 좋은 게 하나도 없었다는 말은 아니다. 사람들에게 박수를 받는 일은 언제나 멋지니까. 하지만 집에 가서 같이 이런 이야기를 할 수 있는 사람이 있으면, 나를 좋게 봐 주는 사람보다 사랑해 주는 사람이 있으면 더 좋다.

그게 이 이야기의 골자가 될 것 같다. 한 해 동안 무대 근성을 조금씩 버리고, 나 자신을 조금씩 되찾고, 내 본모습을 보여주며 복잡한 두려움을 힘겹게 극복한 이야기들을 스냅 사진처럼 엮었다. 원자를 쪼개는 신기를 펼치거나 세상을 들썩이는 대단한 일을 하지 않아도 행복하게 살 수 있다는 것을 알아 간 이야기들이다. 우리는 아무도 알아주지 않는 소박한 인생을 살 수 있다. 하지만 조용히 살았다고 해서 위엄을 잃는 것은 아니다. 사실 별다른 일을 하지 않아도 한 사람을 사랑하고 그 사람도 나를 사랑해 준다면 그것도 귀한 인생이란 것을 믿게 됐다.

이런 생각이 머리를 떠나지 않았다. 어쩌면 인간은 사랑을 수신하는 예민한 안테나가 아닐까. 사랑받고 싶다는 갈망을 주목받고 싶다는 욕망으로 자주 오해하는 것은 아닐까. 세상에서 성공한 사람들 중에 사랑에 대한 갈망이 잘못 발현되어 성공의 동력이 된 사람은 없을까. 우리가 대단하게 여기는 사람들이 실은 가장 불쌍한 사람들은 아닐까. 그들이 박수갈채를 받기 위해 애쓰는 동안 정작 받아야 할 참되고 친밀한 사랑을 놓치고 있는 건 아닐까. 어떻게 받는 건지 배운 적이 없어서.

몇 년 전에 전직 대통령의 아들을 인터뷰하는 방송을 본 적이 있다. 그는 한숨과 오랜 침묵 끝에, 세상에서 가장 힘 있는 사람과 무수한 시간을 함께했지만 자신은 아버지에 대해 아는 게 없다고 실토했다. "나는 아버지가 어떤 사람인지 몰랐습니다. 아버지가 누군지 아는 사람은 아무도 없었습니다."

인생에서 중요한 순간이 왔을 때 우리가 그 순간이 중요하다는 것을 알아채는 일은 손에 꼽을 정도다. 로버트 프로스트는 지나고 나면 갈림길이 더 잘 보인다고 말하지 않았다. 그런데 벳시와 함께 연못가에 앉아 있던 나는 벳시에게 내 본모습을 보여줄 수도 있고 흔하디흔한 거짓 사랑처럼 지그를 추고 소진해 버릴 수도 있다는 것을 알았다. 내 결정은 우리의 관계뿐 아니라 미래에 태어날 아이들의 마음과 친구들의 삶, 어쩌면 신비로운 방식으로 영원까지도 영향을 줄 것 같았다.

미지의 일을 과장해서 말할 뜻은 없지만 이 세상의 이야기가 전해질 때, 우리는 서로에게 말했던 진실만을 기억하리라 믿는다. 방어하지 않고 자신의 본모습을 보여준 순간들. 사랑과 돌봄을 위해 무릅쓴 무서운 위험들. 불안과 달콤한 말, 카메라 플래시 같은 어지러운 소음들은 전원을 끈 텔레비전처럼 점멸할 것이다.

2장

너는
인간관계를
참 잘해

내가 벳시와 약혼했다는 사실은 기적과 같았다. 우리가 데이트를 시작하기 겨우 두어 해 전만 해도 내가 여자에게 줄 수 있는 건 고통밖에 없다고 믿었다. 나는 파혼한 적도 있다. 나는 말할 수 없이 큰 상처를 주었고 그래서 얻은 건 딱 하나였다. 전 약혼녀와 내가 받은 상처 때문에 마침내 내가 되풀이하던 패턴을 끊었다는 것. 그렇게는 더 이상 살 수 없었다.

내 패턴은 이랬다. 분수에 넘치는 여자를 만난다. 데이트를 신청하고, 같이 시간을 보내고 사귀고자 한 후 애인에게 집착한다. 나는 인정받아야 했다. 인정을 받고 싶은 게 아니라 인정이 필요했다. 문자나 전화를 했는데 상대가 아무 반응이 없거나 내가 좋아하는 만큼 나를 좋아해 주지 않는 것 같으면 혼자 머리를 싸매고 원인을 분석했다. 더 어렸을 때는 이러다가 관계를 바로 깨 버렸지만 나이가 들자 감정을 적당히 감출 줄 알게 됐다. 나는 애인에게 마지막으로 연락한 날을 달력에 표시하고 날짜를 센다. 열흘이 지나면 다시 연락한다. 그래야 구질구질하게 보이지 않는다. 나는 시스템을 세웠고, 이 시스템은 작동했다.

이제 연애는 두 번째 단계로 진입한다. 상대에게 심하게 집착하던 나는 돌연 흥미를 잃는다. 나는 피해자 역할을 해주는 여자들에게 끌렸다. 그런 여자들을 만나면 영웅이 된 기분이 든다. 그러다가 화가 난다. 얼마 후 더 이상 참을 수 없게 되면 나는 비열해진다. 비열한 말을 툭툭 던진다. 그러다가 후회하고 다시 잘해 주고, 잘해 주다가 다시 화를 낸다. 내 연애 생활은 공의존codependency과 분노가 교차하는 죽음의 소용돌이였다.

지난번 연애는 최고로 고통스러웠다.

결국 관계를 청산하라고 설득한 사람은 친구 밥이었다. 밥은 샌디에이고에서 왕성하게 일하는 변호사다. 갈등을 중재하는 실력이 탁월하다. 그는 처음부터 문제를 직감했다. 그는 내가 약혼녀와 잘 지내는지 거의 매주 안부 전화를 했다. 우리는 잘 지내지 못했다. 우리는 또 싸웠고 나는 뜬눈으로 며칠 밤을 지새웠고 그녀는 약혼 반지를 빼서 함에 도로 넣었고 우리는 청첩장 제작을 취소했다.

"돈, 정리해." 밥이 말했다.

내 사무실은 23번가에 있는 태국 식당 2층에 있었다. 나는 의자에 기대앉아 창턱에 발을 올렸다. 몇 주 동안 쌓아둔 우편물을 하나씩 확인했다. 밥은 다시 말했다. 관계가 끝났다는 사실을 인정하고 정리하라고. 틀린 말은 아니었다. 관계는 이미 몇 달 전에 끝난 상태였다.

"비행기 타고 건너가서 도와줄까?" 밥은 슬픈 목소리로 물었다.

"아니요. 내가 할게요."

그리고 약혼녀에게 말했다. 지금은 별일 아닌 것처럼 느껴진다. 파혼하는 커플은 수없이 많고, 대다수는 그 덕분에 더 잘된다. 하지만 파혼을 직접 겪는 처지가 되면, 내가 한 말이 두어 달 뒤면 아무 의미 없이 버려질 처지가 되면 바보가 된 기분이다. 이제 내 말에 무슨 힘이 실릴까, 말에 무게도 없는 게 무슨 남자야, 그런 생각이 든다.

　게다가 내가 누군가에게 상처를 줬다는 슬픔, 혼란스러운 고통, 내가 건강하지 못하고 경솔하다는 자각이 켜켜이 쌓이면 마음은 와르르 무너진다.

　나는 거의 1년 동안 슬픔에서 헤어나지 못했다. 슬픔을 이길 수 있게 도운 사람 역시 밥이었다. 어느 날 오후, 사무실에서 글을 쓰고 있는데 밥에게 또 전화가 왔다. 밥은 잘 지내느냐고 물었고 나는 괜찮은 것 같다고 말했다. 밥은 상처가 잘 아물고 있느냐고 물었고 나는 그렇다고 말했다. 물론 다 거짓말이었다. 나는 정상이 아니었다. 아무것도 느끼지 못하는 마비 상태였다. 책장에 꽂혀 있는 성경 뒤에 위스키 한 병을 숨겨 놓고, 모두 퇴근하면 어떤 감정이든 느껴 보려고 음악을 들으며 위스키를 세 잔씩 들이켰다.

　"괜찮은 목소리가 아닌데." 밥이 말했다.

　아니라고 말하고 싶었지만 대충 얼버무리다간 들통날 것 같았다.

　"돈, 내가 너에 대해 아는 걸 말해 줄까?" 밥이 말했다.

　"뭔데요?"

"너는 인간관계가 좋은 녀석이야."

나는 아무 말도 하지 않았다. 내가 제대로 들은 건지 확신이 서지 않았다. 밥의 음성이 다시 전화기의 침묵을 뚫고 들어왔다.

"돈, 넌 인간관계를 참 잘해." 그는 같은 말을 반복했다.

실은 파혼한 뒤 눈물을 흘린 적이 없었다. 말한 대로 나는 아무것도 느끼지 못하는 상태였다. 하지만 얼토당토않은 밥의 말을 듣자 내 속에서 어떤 느낌이 깨어났고 그간의 고통이 북받쳐 올랐다. 나는 전화기를 귀에서 떼고 책상에 얼굴을 떨군 채 울었다. 내가 우는 동안에도 밥은 계속 말했다. "돈, 너는 인간관계 좋은 녀석이야. 너는 여전히 사람들한테 잘해. 너는 항상 잘했어."

그 후 몇 달 동안 밥의 확신 있는 말과 내가 느끼는 내 모습 사이에는 엄청난 간극이 있었다. 하지만 밥은 계속 전화를 걸었고, 빠짐없이 그 말을 해줬다. "돈, 있잖아, 너는 사람들에게 너무나도 잘해. 나를 격려해 줬던 거 기억해? 우리가 우간다에서 만났던 아이 기억해? 그 아이가 너를 얼마나 좋아했는지 기억해? 네가 몇 년 전에 데이트했던 여자, 지금도 너를 오빠로 여긴다는 그 여자 기억해? 돈, 우리는 실패가 우리를 규정짓도록 할 수 없어. 너는 인간관계를 참 잘해. 너는 발전하고 있어." 밥은 매주 법정의 변호사처럼 내 영혼에게 자신의 주장을 치밀하게 펼쳤다. 간극은 점점 좁혀졌고 나는 다시 연애를 하고 싶어졌다.

다시 연애를 하고 싶어졌다는 말은 여자를 진지하게 사귈 준비가 됐다는 뜻은 아니다. 벳시를 만난 것은 1년이 더 지나서였고, 벳시라면 내 문제를 눈치채고도 남았을 것이다. 다만 내가 다시 여자들에게 집착하기 시작할 정도로 고통이 많이 누그러졌다는 말이다. 그것은 나의 오래된 패턴이었다. 하지만 이번에는 뭔가 잘못되었다는 걸 느꼈다. 나는 도움을 받기로 결정했다.

3장

저마다
사연이 있지만
아무도
말하지 않는다

내쉬빌 시외에 온사이트Onsite라는 곳이 있다는 걸 몇 년 전부터 들어서 알고 있었다. 성인을 위한 힐링캠프라고 했다. 가수나 작곡가 친구들은 창의적인 작업에 부진을 겪다가 온사이트 프로그램에 참여한 뒤 다시 곡을 쓰기 시작했다고 말했다. 내 친구 제이크는 그곳에서 자신이 왜 인간관계에 실패하는지 알게 됐다고 했다. 온사이트 워크숍에서는 공의

존과 수치심을 집중적으로 다룬다는 말도 덧붙였다.

나는 지원서를 냈지만 사실 가고 싶지 않았다. 피혼 사실은 이미 소문이 났고, 내가 개선 의지를 가지고 노력하고 있다는 것을 보여주고 싶었기 때문에 가지 않을 수는 없었다. 옛 연기 본능이 다시 발동한 것이다. 한편으로는 시간이 지나면 스스로 해결할 수 있으리라 믿었다. 사람들은 내가 쓴 베스트셀러를 읽고 자신의 문제를 해결했다. 그런데 내가 왜 내 문제를 해결하지 못하겠는가.

그즈음 나는 이야기의 구조에 대해, 관객을 빠져들게 만드는 영화 플롯에 대해 연구하고 있었다. 어느 날 문득 이런 영화들은 플롯이 전부 빤하다는 사실을 깨달았다. 주인공은 늘 처음에는 약한데 끝내는 강해지거나, 처음에는 매정한데 끝내는 친절해지거나, 처음에는 비겁한데 끝내는 용감해진다. 즉 영웅은 거의 빠짐없이 실패자로 등장한다. 하지만 그건 중요하지 않다. 좋은 이야기를 만들기 위해 영웅이 하는 일은 의심과 싸우고 악당에 맞서고 사력을 다해 죽음의 별Death Star을 파괴하는 것이다.

눈에 띄는 게 하나 더 있었다. 이야기에 등장하는 가장 강한 인물은 영웅이 아니라 인도자다. 〈스타워즈〉의 요다. 〈헝거게임〉의 헤이미치. 인도자는 영웅을 바른 길로 이끈다.

인도자는 싸움에 필요한 목적의식과 넉넉한 자신감을 영웅에게 심어 준다. 영웅의 길을 걸었던 인도자는 영웅에게 조언과 지혜를 전수하여 함께 고난을 극복하고 저항을 이겨 낸다.

이야기를 계속 연구할수록, 나에게 필요한 건 인도자임을 절실히 깨달았다.

공항에서 버스를 타고 온사이트로 가는 길은 끔찍했다. 전국에서 마흔 명쯤 모였는데 불편하게 다닥다닥 붙어 앉아선 가는 길 내내 아무 말도 하지 않았다. 내 나이가 곧 마흔인데 재활원으로 끌려가는 비행 청소년이 된 기분이었다. 나는 주위를 둘러보면서 그들은 무엇 때문에 온사이트에 왔는지 궁금했다. 나는 그들을 변태, 스토커, 약물 중독자, 음모론자로 분류했다. 그들은 기내 쇼핑몰 매상을 잔뜩 올려 줬을 것이다.

도착하고 보니 뜻밖에 주위는 조용했다. 온사이트는 언덕 위에 지은 낡은 대저택을 쓴다. 널찍한 현관에 서니 인가나 농장이 거의 눈에 띄지 않는다. 저택 뒤로는 말들이 돌아다니고 가까운 산과 초원 사이로 샛강이 흐른다. 직원들은 친절하다. 마취총을 잔뜩 쌓아둔 수납장 같은 건 없다는 표정이다.

우리 중 몇몇은 룸메이드와 함께 시냈다. 나는 옆 침대를 쓰는 남자에게 무엇 때문에 온사이트에 왔는지 물었다. 그는 거짓말을 했다가 결혼 생활과 직장 생활이 결딴나서 오게 됐다고 했다. 자신도 왜 거짓말을 했는지 모르겠다고, 다만 사람들의 주목을 받고 싶었다고 했다. 거짓말로 자신의 인생을 망가뜨린 그는 전처한테 온사이트에 대해 듣고 등록했다고 했다. 재미있게도 나는 그에게 믿음이 갔다. 그에게 뭐든지 말할 수 있을 것 같았다. 물론 그랬다는 것은 아니다.

또 다른 룸메이트는 방에 들어온 지 2분 만에 자기가 가라테 사범이라고 밝혔다. 앞에 있는 상대를 일격에 제압한 후 순식간에 목을 부러뜨릴 수 있다고 말했다. 그는 동작을 보여주면서 쉭쉭 짧은 기합을 넣었다. 하긴 목이 부러질 때 그런 소리가 난다.

오리엔테이션 시간에 온사이트 직원은 입소자들의 휴대전화를 수거했다. 꼭 전화를 해야 할 데가 있다면 마지막으로 두어 통은 가능했다. 하지만 그 후에는 일주일 넘게 외부와 통화할 수 없었다. 모두 부산하게 전화를 걸거나 주식 시세를 확인했다. 나는 전화기를 바구니에 넣었다. 누구한테 전화할까. 밥? 벌써 뭐라고 할지 들렸다. "돈, 너는 재활을 참 잘해."

전화기를 전부 거둬 가자 빌 로키라는 남자가 나타나 우리한테 환영한다고 말했다. 테네시 억양이 조금 있었고 플란넬 셔츠와 청바지 차림이었다. 숱 많은 잿빛 머리는 과거를 청산하고 새사람이 된 포크 가수처럼 가르마를 타서 뒤로 넘겼다. 수십 년 전에 술을 끊고 지금은 시집을 끼고 사는 사람처럼 보였다.

빌은 우리를 앉혀 놓고 오래전 정서적인 외도와 부정직한 생활로 첫 부인과 이혼한 이야기를 했다. 빌은 우리처럼 온사이트에 와서, 사람들이 자신이 제대로 중심이 잡혀 있고 온전하다고 믿으려고 온갖 공의존과 해로운 일들에 빠진다는 것을 알게 됐다고 설명했다. 오랜 여정이었지만 지금은 유혹을 느끼지 않는다고 했다. 환자로 온사이트에 왔다가 몇 년 뒤 정식 심리치료사가 된 빌은 온사이트로 돌아와 책임자가 됐다.

획기적인 첫 돌파구는 빌과 점심을 먹는 자리에서였다. 내가 농담을 던졌더니 빌은 내 연예인 기질이 어디서 왔는지 아느냐고 물었다. 나는 그가 곧장 치료에 들어갔다는 게 믿기지 않았다. 나는 모르겠다고, 늘 똑똑하거나 웃겨야 할 것만 같다고 대답했다. 그는 식탁에 있는 냅킨을 한 장 집어 그 위에 작은 원을 그렸다. 빌은 원 안쪽에 자아라고 쓰고 사람은 모두 자아를 가지고 태어난다고 설명했다. 그는 나도 다른 사람도 모두 완벽하게 건강하고 행복한 자아를 가지고 태어났다고 말했다. 그런데 모든 것을 바꾸어 버린 일이 생겼다고 덧붙였다.

그는 작은 원 바깥에 원을 하나 더 그렸다. 과녁처럼 보였다. 그러고는 두 번째 원 안쪽에 수치심이라고 적었다. 빌은 사실이든 아니든 내가 어딘가 잘못됐다는 것을 깨닫는 시점이 있었을 거라고 말했다. 이를테면 부모의 기준에 미치지 못하거나 학교에서 아이들에게 놀림을 받거나 내가 열등한 존재라고 믿어 버리는 그런 경우 말이다. 그는 사람이 수치심을 느끼면 숨는다고 말했다. "그러면 문제가 생깁니다. 숨으면 숨을수록 남들이 나를 알기가 더 어렵습니다. 나를 보여주지 않으면 소통할 수 없거든요."

그는 두 번째 원 바깥에 원을 하나 더 그리고, 그 원은 우리가 수치심을 감추기 위해 만든 거짓 자아라고 말했다. 우리가 개성이라고 생각하는 것, 곧 인생이라는 무대에서 배워서 만든 '인물character'이 바로 거짓 자아라는 것이다. 또한 우리는 어떤 매력이나 힘이나 재능이 있어야 사랑받을 수 있다고 배우지만, 사람은 누구나 자신을 사랑받는 존재로 만들어 줄 것이라고 믿는 에이스 카드를 하나쯤 가지고 있다고 덧붙였다.

나는 빌이 묻기도 전에 유머 감각이라는 말을 불쑥 내뱉었다. 그는 냅킨의 가장 바깥쪽 원에 유머 감각이라고 썼다. 그는 나를 쳐다보지 않았다. 펜을 들고 가만히 앉아서 내가 다른 단어를 불러 주기를 기다렸다. 나는 지성이라고 말했다. 그는 같은 원에 지성을 추가해 썼다.

단어 몇 개를 더 쓴 뒤 우리는 멈췄다. 빌은 냅킨을 거꾸로 돌려서 나에게 내밀었다. 냅킨을 똑바로 보니 마치 거울에 비친 내 모습을 보는 듯했다. 내 자아는 수치심에 뒤덮여 연기를 하고 있었다. 물론 단순명쾌하게 말할 수 있는 문제는 아니다. 나는 똑똑하거나 재미있는 사람과 지내는 데 아무런 문제가 없고, 재능을 인정받는 게 잘못이라고 생각하지도 않는다. 하지만 빌은 그것보다 더 중요한 문제, 곧 '이 정도는 해야 내가 사람 구실을 하지'라고 내 안에서 계속 속삭이는 거짓말을 건드리고 있었다.

빌은 가장 안쪽에 '자아'라고 쓴 원을 가리켰다. "여기

돈 안에 있는 이 자아가 바로 사랑을 주고받는 부분입니다. 바깥쪽 위는 무대일 뿐이고요."

그날 밤 나는 내 개성이란 게 주로 타성에 젖은 행동은 아닐까, 세상에서 존중받기 위한 장치는 아닐까 의문이 들었다. 바꿔 말하면, 내 행동으로는 내 본모습을 전혀 알 수 없다는 말일까.

그날 밤 잠을 설쳤다. 그 원들 안에 파묻힌 내 진짜 모습이 뭔지 알고 싶었다.

룸메이트들도 잠을 이루지 못하기는 마찬가지였다. 거짓말을 했다는 남자는 한 모둠에서 이미 눈물을 보였다고 말했다. 그는 전처가 그립다고, 어떻게 자신이 모든 것을 깡그리 버릴 생각을 했는지 믿기지 않는다고 했다.

내가 가라테 사범에게 그날 무엇을 배웠느냐고 묻자 그는 잠시 침묵했다. 마침내 입을 연 그는 이런 감상적인 것들이 무슨 소용이 있을지 모르겠다고 말했다. 자신은 무슨 일이든지 맞서 싸우는 게 천성이라고 했다. 그는 침대에서 일어나 화장실에 들어갔는데 문을 꼭 닫지 않아서 문틈으로 새어 나온 빛이 비스듬히 그의 침대를 가로질렀다. 다른 룸메이트가 똑똑 소리를 내며 신호했다. 내가 쳐다보자 그는 가라테 사범의 침대를 가리켰다. 베개 옆에 낡은 곰 인형이 있었다. 농담이 아니다. 가라테 사범은 곰 인형과 잠을 잤다. 내 눈을 의심했다. 그 뒤로 나는 가라테 사범이 좋아졌다. 때로 우리가 말하는 이야기보다 우리가 마음에 담고 있는 이야기가 갑절로 더 사랑스럽다.

4장

몸집을 부풀리는 동물들은 왜 그럴까

이튿날 아침, 빌은 우리에게 처음 수치심을 느꼈던 일을 떠올려 보라고 말했다. 수치심은 우리가 말을 배우기 전에 형성되기 때문에 정확한 순간을 기억할 수는 없을 거라고 했다. 하지만 오래전 기억일수록 치유는 더 효과적일 거라고 덧붙였다. 빌은 어린 시절의 수치스런 기억을 인정하고 더 너그러운 어른의 관점에서 그 이야기를 고쳐 쓰는 작업이 치유에 도움이 될 거라고 말했다.

 탁 트인 널찍한 방, 요가 매트 위에 앉아서 우리는 공책을 하나씩 들고 생각에 빠져들었다. 하지만 나는 아무것도 기억할 수 없었다. 청소년 시절에 나는 강하고 독립적인 아이였다. 내 모든 상처는 이제 단단한 근육으로 변한 것 같았다. 잠시 동안 나는 이 과제가 부질없다고 생각했다. 그런데 저쪽에서 누군가 울면서 공책에 뭔가를 적기 시작했다. 학교를 졸업하면 또래 압력에서 벗어날 줄 알았는데, 가라테 사범이 흐느끼는 것을 보니 나도 뭔가를 떠올리지 않으면 안 될 것 같았다.

 나는 어린 시절의 기억을 뒤졌다. 수치심을 느꼈을 만한 일은 아주 많았다. 나는 뚱뚱했다. 여학생들과 잘 지내지 못했다. 춤 실력이 없었다. 가난했다. 할머니가 퀼트를 만들려고 모아 둔 천 조각들이 있었는데 어머니는 그걸 내 셔츠에 덧댔다. 아직까지는 이 모든 일들이 재미있게만 보였다. 성장기의 미숙했던 일 중에 특별히 고통스러운 기억은 없었다. 하지만 여기저기에서 흐느끼는 소리가 들려올수록 나에게도 뭔가가 있으리라는 생각이 강해졌다. 그리고 마침내 뭔가가 떠올랐다. 두려움이 앞서는 기억이었다. 마치 내 온몸이 생각을 멈추라고 아우성치는 것 같았다.

초등학생 때였다. 요가 매트에 앉아 있던 나는, 수십 년 만에 처음으로 내가 어린 시절 내내 이불에 지도를 그리던 오줌싸개였다는 사실을 떠올렸다. 열두 살 전까지 내 비뇨기는 제대로 작동하지 않았다. 마치 다른 사람의 기억인 듯했다. 내가 여러 사람의 모습으로 여러 인생을 살았는데, 그중 한 사람이 방광이 작아서 어린 시절 학교에서 바지에 오줌을 지리며 지냈던 것처럼 느껴졌다. 그게 정말 나였을까.

하지만 사실이다. 첫 사회 생활 5년 동안 나는 급우들의 눈에 띄지 않게 숨어 지냈다. 오줌 자국을 감추려고 책으로 가랑이를 가린 채 복도를 지나다녔다. 그게 실제로 나였다. 내 이야기였다. 다른 누군가가 아니라 나였다. 문득 어느 겨울에 오줌을 지린 바지를 아무에게도 들키지 않으려고 외투를 밑으로 끌어당겨 가랑이를 가렸던 일이 생각났다.

그리고 이어서 구체적인 기억이 떠올랐다. 지금도 그때 일을 돌아보면 신께서 내가 고통스러운 사실을 받아들일 수 있는 안전한 장소, 바로 온사이트로 이끄신 뒤 내 생각 속으로 침투하셨다는 생각이 든다. 내가 기억한 그날, 나는 음악 수업을 받으러 다른 교실로 이동하고 있었다.

우리는 복도에 일렬로 줄을 선 뒤 건물 밖으로 나가 운동장을 가로질러 내가 평소에 동경했던 외딴 교실로 갔다. 그곳에는 온갖 악기, 합창단이 서는 무대, 모스 부호처럼 복잡하게 보이는 악보, 교향악단의 큼지막한 포스터들이 가득했다. 그날 일을 저질렀다. 나는 오줌을 지린 채 잔뜩 긴장하고 있었다. 교실에서는 책상 밑으로 무릎을 감출 수 있었지만, 음악 시간에는 널찍한 공간에 둥글게 앉아 수업을 받기 때문에 아이들의 시선을 피할 방법이 없었다.

복도에서부터 내 심장은 펌프질하듯 쿵쾅거렸다. 바깥 날씨가 춥진 않았지만 나는 복도와 안뜰을 지나 운동장을 건너 임시 건물에 마련한 음악당으로 가는 내내 외투를 바짝 끌어당겨서 아랫도리를 가렸다. 실내는 기온이 너무 높았다. 학생들은 외투를 벗어서 벽 쪽에 쌓아 놓았다. 나는 외투를 벗지 않았다. 선생님은 학생들에게 자리에 앉으라고 말했다. 의자는 거북할 정도로 가깝게 붙어 있었다. 선생님은 피아노를 치며 노래를 가르치기 시작했다. 나는 노래를 부르지 않았다. 노래를 부르면 내 몸에서 나는 냄새가 교실에 퍼질 것 같았다. 그런데 곧장 내 옆에 있던 아이가 자리를 옮기고 싶다고 말했다. 이유는 말하지 않았다.

이윽고 내 옆에는 빈 의자만 남았고 몇 분 후에는 다른 쪽에 있던 아이도 자리를 옮겼다. 실내에는 침묵이 감돌았고 몇몇은 손으로 코를 쥐었다. 아이들이 키득키득 웃기 시작하자 영문을 모르는 아이들은 이유를 캐물었다. 나는 점잖게 내 외투에서 나는 냄새 때문이라고 말했다. "개가 내 외투에 오줌을 쌌어." 그러자 한 아이가 외투를 벗으라고 말했다. 하지만 나는 외투를 벗고 싶지 않았다.

선생님은 자리에서 일어나 피아노 앞으로 나왔다. 선생님도 난감했을 것이다. 선생님은 부드럽게 내 이름을 부르며 밖으로 나가서 이야기하자고 말했다. 나는 내 옷에 개 오줌이 묻었다고 말했다. 선생님은 다시 한 번 부드럽게 내 이름을 불렀다. 나는 자리에서 벌떡 일어나 아이들을 향해 개가 내 옷에 오줌을 쌌다고 말했다. 외투를 벗어서 다른 아이들이 옷을 쌓아 놓은 곳에 내던졌지만, 아뿔싸, 내 바지는 만천하에 공개되고 말았다. 나는 문밖으로 뛰쳐나가 운동장을 가로질러 나무 뒤에 숨었다. 선생님은 학생들을 남겨 두고 따라와 무릎을 꿇고 나를 달랬지만 이미 늦었다. 내 인생은 막을 내렸다. 내 나이 겨우 일곱 살이었다.

벌써 수십 년이 지난 일이다. 재미있다고 말할 사람들도 있다는 것을 안다. 우리가 요가 매트에 앉아 있어서였을까, 모두 울고 있어서였을까 분명 나는 거기에 있어서 그날을 기억하며 눈물을 흘렸다. 누가 보든지 듣든지 상관하지 않았다. 나는 울기만 했다.

그토록 충격적인 기억을 오랫동안 잊고 지냈다는 것은 수수께끼다. 나는 어떤 면에서 여전히 그때의 그 아이였다. 빌의 말마따나 나는 본모습 위로 무대 의상을 걸친 아이였다. 내 약점과 불완전함과 인간성을 감춘.

그 사실을 깨닫자 이유는 모르겠지만 기분이 좋았다. 나는 여전히 그 아이였다. 그리고 깨달은 게 하나 더 있었다. 그 아이는 착한 아이였다. 아주 착한 아이였다. 개가 오줌을 쌌다는 거짓말을 했고 미숙했지만 그 아이는 착한 아이였다. 바로 그곳 온사이트에서 나는 흐느끼기 시작했다. 학교에서 바지에 오줌을 지린 것 때문이 아니라, 다른 아이들을 피해 도망치고 숨으면서 내가 잘못된 아이라고 믿었기 때문이었다. 그건 사실이 아니었다. 남다른 데가 있었을 뿐, 잘못된 데는 없었다. 나는 아주 착한 아이였다. 성가신 아이이긴 했지만, 기본적으로 착한 아이였다.

이로써 내가 애초에 연기를 하기 시작한 이유를 알 수 있을 것 같았다. 나는 수치심을 가릴 수 있는 것을 발견하면 즉시 낚아채서 걸쳤고, 어느 정도는 변장 뒤로 내 본모습을 감춘 듯 느꼈다.

가장 최근에 작가라는 연기를 하기까지는 시간이 오래 걸렸지만, 그전에도 몇 가지 괜찮은 연기를 했었다. 초등학교와 중학교 시절에는 사람들의 눈에 띄지 않는 투명인간처럼 지냈다. 그게 내가 사는 길이었다. 간간이 불량배를 만나긴 했지만 그런 애들은 내가 알아서 먼저 피했다. 투명인간 연기. 그게 내 첫 번째 연기였다. 나는 아무에게도 내 본모습을 보여주지 않았고, 사람들 눈에 띄지 않고 지내는 데 소질이 있었다.

어른이 되어서도 사라지는 연기에 완벽한 사람들이 있다. 몇 년 전에 내가 만났던 여자는 갈등이 생길 때마다 사라졌다. 그녀는 긴장감을 느끼면 자취를 감췄고, 우연히 마주치거나 내가 궁금해서 집으로 찾아가면 명랑한 모습으로 아무 문제없다는 듯이 행동했다. 결국 어느 날 저녁 그녀는 속내를 털어놓았다. 자신이 잘못했다고 느낄 때는, 현실과 담을 쌓고 그런 느낌을 차단하면 마음의 평화를 느낀다고 했다. 그녀는 갈등을 해결할 줄 몰라 주변 사람들을 질색하게 만들었지만, 정작 그녀의 마음속 거짓 세계에서는 모든 것이 평화로웠다. 이상히게 들리겠지만 나는 그녀를 이해할 수 있었다. 그녀는 내가 중학교 시절에 했던 일을 똑같이 하고 있었던 거다. 그녀는 자기 안으로 기어들어가 자취를 감췄다.

투명인간 연기는 몇 년 동안 효과가 있었다. 그러다가 나는 더 좋은 걸 발견했다.

고등학생이 되었다. 어느 날 목사님이 내게 교회 주보에 글을 써 보겠느냐고 물었다. 마침내 누군가 나를 알아봤다는 기분이 들었다. 투명인간으로 살던 나에게 무슨 변화가 생긴 것 같았다. 물론 목사님이 나를 알아봤을 리는 없지만 내 느낌은 그랬다.

일주일 내내 글쓰기에 매달렸다. 모두 400단어, 단락은 서너 개로 제한했다. 나는 내가 쓴 글을 목사님에게 드렸고, 목사님은 전화를 걸어서 잘 썼다고 칭찬했다. 내가 글을 잘 쓰고 똑똑하다고 말이다. 목사님에게 똑똑하다는 말을 들었을 때의 기분을 지금도 기억한다. 약간 술에 취한 기분이었다. 균형을 잃고 비틀거리는 기분이랄까. 쾌감을 주는 화학물질이 뇌에 스며들자 나는 파블로프의 개가 되었다. 똑똑한 사람이란 중요한 사람이란 말이었다. 그래서 나는 똑똑한 사람이 되기로 했다.

내가 쓴 글이 주보에 실리자 교인들은 복도에서 나를 만나면 불러서 내 글을 잘 읽었다고 칭찬했다. 어머니는 친구들에게 내 글을 재미있게 읽었다는 전화를 받았다고 말했다. 모두 내가 원하던 일이었다. 멋진 무대 의상을 걸치고 있는 느낌이었다. 나는 똑똑한 아이가 될 수 있었다. 나는 글을 쓸 수 있었고, 글을 쓰면 대접을 받았다. 그래서 나는 처음으로 책을 읽기 시작했다. 읽고 또 읽었다. 어느 강사가 시를 인용하는 것을 듣고는 집으로 돌아가서 시를 외우기 시작했다. 그 후 2년 동안 나는 2천 편이 넘는 시를 썼다. 그리고 작가가 되는 꿈을 꾸기 시작했다.

요즘에는 사람들이 왜 작가가 됐느냐고 물으면 나는 솔직하게 대답한다. 글을 쓰면 남들에게 대접을 받을 수 있다는 걸 일찍부터 알았기 때문이라고. 그러면서 나는 생각하는 것과 언어를 좋아하게 됐고 지금은 몰입해서 글 쓰는 일을 정말로 좋아한다. 하지만 처음에 동기를 부여한 연료는 사랑받는 사람이 되고 싶다는 것뿐이었다.

온사이트에서 우리는 모둠 활동을 통해 문제를 다루었다. 우리 모둠에서는 거짓 자아에 대해 이야기하고 있었는데 심리치료사가 재미있는 말을 했다. 그녀는 위험을 느끼면 몸집을 부풀리는 동물들이 있는데 사람도 마찬가지라고 했다. 사람은 자신을 더 나은 존재로 치장하여 타인을 매혹하거나 위험에서 자신을 지킨다는 거다.

나는 고개를 끄덕였다. 온사이트에서 지내는 동안 내가 그랬으니까.

온사이트에서 지키기 힘들었던 규칙은 컴퓨터나 휴대전화를 사용할 수 없다는 게 아니었다. 직업을 밝힐 수 없다는 규칙이었다. 빌은 오리엔테이션 시간에 입소자들에게 직업을 밝히지 말라고 당부했다. 치료 과정에서 일에 대해 말해야 할 경우가 생기면 자신의 직업을 그저 배관공이나 회계사라고 말하면 족하다고 말했다.

생각해 보면 여간 기발한 규칙이 아니다. 시작부터 무대 의상 착용은 금지다. 솔직히 말하자. 우리에게 직업은 무대 의상이나 다름없다. 내 정체성, 비뚤어진 존중감은 거의 전적으로 내가 책을 몇 권 썼다는 사실에서 비롯되었다.

내 직업에 대해 함구하는 것은 고문에 가까웠다. 내 직업은 사회생활을 위한 목발이었다. 목발이 사라지자 나는 목발 없이는 움직이지 못한다는 것을 깨달았다. 나는 내가 중요한 일을 하는 사람이란 것을 넌지시 알리기 위해 오만 가지 방법을 동원했다. 나는 "파이프를 연결하는 작업을 할 때 심한 압박을 받는다"라는 말을 거듭 강조했다. 그 말을 할 때는 눈짓만 안 했지 다른 모든 짓을 했다. 분명 사람들은 나를 불편하게 여겼을 것이다. 하지만 내가 뭘 하는 사람인지 알기만 하면 모두 나를 좋아할 텐데 입이 몹시 근질거려서 참을 수가 없었다. 사람들은 나를 중요한 사람으로 여길 것이었다. 나는 바깥으로 보이는 모습에 중독되어 있었다. 한 주 동안 그 사실을 서서히 깨달았다. 나는 무대 의상이 없으면 아무런 힘을 쓰지 못하는 사람이었다.

나는 빌에게 언제 직업을 밝힐 수 있느냐고 물었다. 빌은 마지막 날 온사이트를 떠나기 직전에는 직업을 밝혀도 된다고 말했다. 빌은 사람들이 은근슬쩍 자기 직업을 밝힌다는 것을 알고 있었지만 온사이트에서는 되도록 모임의 순수성을 지키고 싶어 했다. 또 빌은 입소자들이 결국 자기 직업을 밝히는 것을 보면 슬프다고 했다. 사람들이 한 주를 치열하게 보내면서 친해지고 우정을 쌓는데, 누구는 돈을 많이 벌고 누구는 적게 번다든지 누구는 유명하고 누구는 평범하다는 사실을 알게 되면 의식적으로 편이 갈린다는 것이다. 빌은 재미있게도 부자들이 가난한 사람들을 멀리하는 게 아니라 그 반대라고 말했다. 이루어 놓은 게 적다고 느끼는 사람들이 그렇지 않은 사람들과 지내는 것을 불편하게 여겼다. 빌은 직업을 전혀 밝힐 수 없는 세상에서 살고 싶다고 했다. 빌은 무대 의상을 입지 못하게 만들면 세상은 더 건강한 곳이 될 것이라고 말했다.

신기하게도 치료를 받는 일주일 동안, 나는 전혀 새로운 면모를 발전시키기 시작했다. 인정받고 싶다는 욕구가 그만큼 강한 탓이었다.

　어느 날 저녁, 모둠 사람들과 함께 쉬고 있을 때였다. 그 무렵 나는 우리 모둠 사람들이 무척 좋아져서 그들도 나를 좋아해 주길 바랐다. 나는 내가 특별하고 남다른 사람이라고 느끼며 살았는데 모둠 사람들은 아무도 내가 남들보다 나은 사람이라고 생각하지 않았다. 물론 맞는 말이지만 관심 중독자는 거꾸로 뒤집어 놓아도 관심 중독자다. 그런데 절호의 기회가 찾아왔다. 거실에서 모둠 사람들과 보드게임을 하다가 내가 농담을 한 번 했는데 모두 웃음을 터뜨렸다. 그들은 마치 코미디언을 보는 것처럼 껄껄 웃기 시작했다. 나는 인정을 받았을 때 느끼는 익숙한 쾌감을 느꼈다. 그들은 나를 인정했다. 나는 돋보였다. 나는 특별했다.

그래서 나는 농담을 두어 번 더 했고 그 후에는 농담이 술술 나왔다. 나는 내가 얼마나 순발력이 뛰어난 사람인지, 또 사람들을 웃기기 위해 얼마나 불손해질 수 있는지에 놀랐다. 사람들은 포복절도했다. 직업이 코미디언이냐고 진지하게 물어보는 사람들도 있었다. 내가 직업을 잘못 선택한 것은 아닌지 의심이 들 정도였다. 온사이트에서 나가면 개그를 짜거나, 아예 작가를 그만두고 스탠드업 코미디언이 되는 모습을 상상했다. 농담이 아니다. 사람들의 인정은 그만큼 중독성이 강하다.

내가 농담을 해도 웃지 않는 사람이 누군지 아는가? 벳시다. 한 다섯 번쯤 웃었을까. 내가 얼마나 노력했는지는 신만이 아신다. 벳시를 웃길 수 있는 유일한 경우는 벳시가 술을 몇 잔 마셨을 때뿐이다. 벳시가 얼근해지면 내 농담이 먹힌다. 보통 벳시는 내 유머를 방어 기제로 본다. 내 안에 있는 남자와 사귀기 위해서 참아야 하는 무대 의상 같은 것 말이다.

코미디 배우 윌 페렐은 아내와 가족에게는 익살을 떨지

않는다는 말을 들은 적이 있다. 그 말을 들었을 때 그가 멋진 사람이라고 생각했다. 마음이 놓였다.

하지만 여전히 겁이 나기도 한다. 하루는 벳시가 좋아했던 남자를 같이 만난 적이 있는데 벳시는 그가 농담을 하면 계속 웃었다. 그가 내 에이스 카드를 남발하는 것 같았다. 벳시가 웃을 때마다 나는 움츠러들었다. 그는 암벽 등반이나 하며 사이버 풋볼 감독 같은 것을 꿈꾸는 멍청이였다. 그는 바보 같았고 내가 훨씬 더 재미있었지만, 그는 우리가 저녁을 주문하기도 전에 벳시를 네 번이나 웃겼다. 죽을 맛이었다.

하지만 밤이 늦어 집으로 가기 위해 차에 탔을 때 벳시는 내 팔을 잡더니 내 어깨에 기대었다. 그때 깨달았다. 벳시는 그 남자를 많이 좋아했지만, 나를 사랑한다는 걸. 운전하는 동안 벳시는 내 손을 꼭 잡았다. 그 순간 벳시는 나와 하나였다. 그날 저녁의 즐거움은 물론이고 그 남자의 유머까지도 나와 함께했기 때문에 특별한 의미가 있었던 것이다. 그날만은 내가 오락 부장을 하지 않았다는 게 기뻤다. 그날 밤, 분장실로 돌아가 연기를 잘했는지 고민할 사람은 내가 아니었다. 나는 애인을 데리고 돌아가면 되었다.

이런 생각이 들었다. 가식을 벗고 내 본모습을 드러내도 충분히 사랑받을 수 있다고 믿는다면 인생은 어떻게 변할까.

5장

연못에서 수영을 하면서 관계에 대해 배운 세 가지

나는 애슈빌에 놀러온 벳시와 주말을 즐겁게 보냈다. 오픈카를 빌려서 빌트모어 대저택에도 가고 맬러프롭 서점에서 시간을 보내기도 했다. 새로 문을 연 식당 큐럿에서 식사를 하면서 바텐더에게 위스키와 베르무트, 오렌지 비터를 섞어서 마시는 법을 전수했다. 바텐더는 가을 칵테일로 만들고 싶을 정도로 마음에 든다고 말했다. 큐럿에 가면 칵테

일 중에 돈앤벳시가 있는지 물어보시라.

나머지 시간에는 연못가에 누워 친구 샤우나 니퀘스드가 쓴 《빵과 와인Bread and Wine》을 읽으면서, 언젠가 그 책에 나오는 모든 요리를 아침 식사로 내는 게스트하우스를 운영해 보면 어떨까 상상하기도 했다. 샤우나는 결혼이든 가족이든 파스타든 모든 것을 해보고 싶게 말하는 재주가 있다.

산속에서 보낸 주말이 힘들지 않았다면 거짓말이다. 워싱턴 디시에서 지낼 때는 벳시와 헤어지면 집으로 돌아와 사각팬티 바람으로 앉아서 텔레비전을 봤다. 애슈빌에서는 벳시와 떨어져 있을 날이 없었다. 가장 불편한 것은 어색한 침묵이었다. 벳시는 침묵이 전혀 어색하지 않다고 말하지만 나는 그렇지 않다. 나는 대화가 중간에 끊기면 침묵을 걷어 내야 한다는 의무감을 느낀다. 알다시피 그건 노동이나 다름없다. 나는 계속 상기했다. 침묵하는 벳시를 믿어야 한다는 것을. 벳시가 나와 결혼하는 것은 재미를 붙이고 싶어서가 아니라 부부가 같이 신문을 읽으면서 조용히 시리얼을 먹을 때의 길고 지루한 사랑, 그런 사랑을 나누기 위해서라는 것을.

공항에서 벳시를 배웅한 뒤 크리스피 크림에 들러 도넛

을 사 먹었다. 나는 불안하면 단것을 먹는다. 왜 불안했는지는 모르겠다. 다만 평생 어색한 침묵을 피할 수 없으리란 게 두려웠다.

작가라는 직업의 단점은 자신의 삶에 대해 생각할 시간이 지나치게 많다는 것이다. 나는 우리가 자신에 대해 너무 많이 생각해서는 안 되며 주의를 돌려 숭고한 대의에 관심을 가질 때 더 건강한 존재가 된다는 빅터 프랭클의 말을 좋아한다. 그런데 그 숭고한 대의가 회고록을 쓰는 일이라면 어떻게 해야 할까. 어쩔 수 없이 죽치고 앉아서 자신에 대해서 생각해야 한다.

애슈빌에서 주의를 돌릴 수 있는 유일한 낙은 연못이었다. 나는 매일 연못에서 수영을 했다. 물에 들어가 내 상념에서 벗어날 수 있도록.

첫째, 친밀해지고 싶다면 뛰어들어야 한다

어느 날 오후, 나는 선창에 앉아 있었다. 선창에서 보면 연못을 가로질러 아름다운 산의 풍광이 펼쳐져 있다. 연못에 비친 무성한 나무와 바위들이 반대편 수면까지 흘러들어가 반짝인다. 수 킬로미터를 내다봐도 인가는 보이지 않고, 루시는 산울림이 뭔지도 모르고 아침이면 제가 짖는 소리와 대화를 시도한다. 연못은 기운데 수심이 7미터가 넘을 정도로 깊고, 수면에 비친 숲의 모습은 몹시 생생해서 화폭 위를 걷듯 물 위를 걸을 수 있을 것 같은 느낌마저 든다.

벳시가 떠난 날 저녁은 날씨가 따뜻해서 수영을 하고 싶었다. 그런데 선창 끝으로 걸어가는 동안 겁이 났다. 나는 뛰어들고 싶으면서도 뛰어들고 싶지 않았다. 벳시가 찾아온 날 오후에 함께 수영을 할 때도 느꼈던 감정이었지만 그때는 아무렇지 않게 넘겼었다. 나는 그저 벳시에게 멋진 다이빙을 보여주고 싶어서 선창에서 날아올랐다. 하지만 이번에는 내 감정을 가만히 들여다봤다. 내가 느끼는 감정은 해마다 밥의 별장에서 느끼는 두려움과 비슷했다. 밥의 별장 앞에는 7미터가 넘는 낭떠러지가 있다. 나는 그곳에 가면 바위에서 훌쩍 뛰어서 물속으로 다이빙을 한다. 결코 하고 싶어서가 아니라 해야 할 것 같아서다. 이건 내가 해마다 치르는 시험이다.

낭떠러지에 서 있는 것도 아닌데, 선창 끝에서 뛰어내리기 직전에 비슷한 공포를 느낀다는 게 이상했다. 선창에서 연못 수면까지는 겨우 수십 센티미터밖에 안 됐다. 물이 차가운 것도 아니었다. 어제도 한 시간가량 수영을 했다.

그런데 나는 왜 뛰어들기가 싫었던 것일까. 이것보다 열 배는 더 높은, 밥의 별장 낭떠러지에서 느꼈던 공포를 왜 지금 느끼는 것일까.

문득 이유를 깨달았다. 나는 뛰어들거나 수영을 하거나 갑자기 느끼는 물의 냉기를 무서워하지 않았다. 내가 두려워했던 것은 변화였다. 선창 위에 있으면 따뜻했고 물에 젖지도 않았고 아무 문제가 없었다. 물에 뛰어들었어도 수영을 즐겁게 했을 것이다. 하지만 그것은 어쨌든 변화였다. 나는 워싱턴 디시에 도착했을 벳시를 생각했다. 벳시와 함께하면 더 행복하리란 것을 알았다. 벳시는 내가 가 보지 못한 더 건강하고 재미있고 도전적인 곳으로 나를 데리고 갈 것이었다. 또한 나는 독신으로 지내면 좋고 편하고, 내 마음대로 할 수 있고, 데이트도 할 수 있고, 원할 때는 언제든 박수를 받은 뒤에 내 인생의 분장실로 돌아가 오레오를 먹으면서 다음 무대를 기다릴 수 있다는 것도 생각했다.

나는 선창에서 뛰어내렸다. 수면은 시원했다. 밑으로 더 내려가자 냉기가 느껴졌다. 연못의 모든 기운이 내 몸으로 스며드는 것 같았다. 수면을 가르며 올라온 내 얼굴이 떠오르는 태양인 양 하루가 다시 시작된 것 같았다. 나는 산과 나무의 기운을 깊이 들이마셨고 물장구 치는 소리는 산울림이 되어 돌아왔다. 우뭇한 숲에 바람이 불자 나무들은 가지를 흔들어 손뼉을 쳤다. 선창에 있는 것보다 물속에 있는 게 더 기분이 좋았다. 그런 생각을 하다가 문득 내가 변화를 두려워한다는 데 생각이 미쳤다. 그게 더 나은 변화라 하더라도 말이다. 두려움에는 온통 거짓말뿐이다. 온통 속임수다. 더 나은 이야기를 살지 못하게 막는 게 두려움 말고 또 무엇이 있을까.

주말이 가까워 올 즈음 밥에게 연락이 왔다. 자신이 가르치는 페퍼다인 법률대학원 수업 시간에 스카이프로 들어오라고 했다. 내가 만든 인생 설계 프로그램을 다루는 수업이었다. 나는 선창에서 스카이프에 접속했다. 영상에는 내 뒤로 펼쳐진 산과 오두막이 보였다. 나는 학생들에게 연못이 있다는 말은 하지 않았다. 학생들은 내가 오두막 앞 잔디밭에 접이식 의자를 놓고 앉아 가르치는 줄 알았다. 나는 강의를 하다가 내가 가장 최근에 배운 것에 대해 이야기하기 시작했다. 의미 있는 인생을 살기 위해서는 관계뿐 아니라 인생과 직업, 휴식과 놀이에 뛰어들기 직전에 느끼는 공포에 맞서야 한다고 말했다. 그러고는 컴퓨터를 선창 끄트머리에 놓고 옷을 입은 채 연못에 뛰어들었다. 학생들은 환호를 보냈다. 내가 연못으로 뛰어드는 게 학생들의 장래에 무슨 도움이 될지 모르겠지만, 자기 인생을 사랑하지 않는다면 법조인이 된들 무슨 유익이 있겠는가.

둘째, 수영은 조금만 해도 충분하다

연못이 있는 오두막을 빌린 것은 운동을 하기 위해서였다. 결혼 전에 살을 빼고 싶었다. 빙빙 돌기만 해도 괜찮다면 올림픽 출전 선수가 연습해도 좋을 만큼 큰 연못이었다. 물론 벳시는 나를 있는 그대로 좋아한다. 그러나 나는 살을 좀 빼야 했고, 하루에 수영을 한두 시간 하면 될 것 같았다.

첫날, 내 체력은 형편없었다. 열심히 수영을 했지만 10분 만에 물 밖으로 나와서 쉬어야 했다. 10분씩 세 번 더 헤엄치고 포기했다. 나는 겸손해지기로 했다. 얼마 지나지 않아 오랫동안 수영할 수 있게 됐지만 솔직히 말하면 그 시간을 좋아하지는 않았다. 몸이 좋아지니 재미있었을 것 같지만 실은 아니었다. 나는 운동을 좋아하지 않는다. 힘들거나 지쳐서가 아니다. 나는 페루에서 산을 탔고, 자전거로 미국을 횡단했다. 나는 한다면 하는 사람이다. 내가 운동을 좋아하지 않는 것은 운동을 아무리 해도 의식 깊은 곳에서는 부족하다고 믿기 때문이다. 운동을 마쳤을 때 기분이 상쾌하거나 뿌듯했던 적이 한 번도 없다. 같은 이유로, 글쓰기 강좌도 이만하면 충분하다는 생각으로 마치는 법이 없다. 강의나 사업 미팅이나 어떤 일도 마찬가지다. 심지어 예전에는 잔디를 기계로 깎은 뒤에 가위를 들고 바닥에 엎드려서 튀어나온 잔디를 꼼꼼하게 자르기까지 했다. 농담이 아니다. 나에게 무슨 병이 있는지도 모른다.

이런 완벽주의자들이 할 수 있는 일은 딱 두 가지밖에 없다. 정상에 이를 때까지 자신을 학대하면서 끝까지 밀어붙이든지 도중에 그만두든지. 나는 나를 혹사하기도 하고 중간에 포기하고 게으름을 피우기도 한다.

이런 말을 하는 것은 운동이나 글쓰기 이야기를 하려는 게 아니다. 그보다 더 큰 문제, 곧 나와 벳시의 관계에 영향을 미칠 문제의 증상에 대해 말하고 싶어서다. 문제는 바로 이것이다. 자신이 성취한 것에 결코 만족하지 못하는 사람은 은연중에 자신이 완벽하지 않으면 아무도 자신을 사랑하지 않을 것이라고 믿는다. 빌이 말한 가장 바깥 원에 우리는 완벽이란 단어를 쓰고 그 완벽으로 자신의 수치심을 가린다. 옛날에 한 친구는 몇 년 전 고등학교에서 자신에게 B 마이너스를 줬다는 이유로 대수학 교사 집 앞을 지날 때마다 차 안에서 욕을 했다.

이건 전부 연예인 기질과 관련이 있는 것 같다. 우리가 스스로를 속이는 이런 거짓말의 뿌리들은 같이 자란다. 이건 전부 인간의 사랑이 조건적이라는 믿음과 연결된다. 하지만 인간의 사랑은 조건적이지 않다. 어떤 사랑도 조건적이지 않다. 조건적인 사랑은 사랑을 가장한 기만이다.

나는 정말 어이없는 일로 벳시와 다투기도 했다. 벳시가 나한테 사랑한다고 말했는데 나는 "고마워"나 "나도 사랑해"라고 대답하지 않고 나를 비하하는 농담을 했다. 벳시는 황당하다는 눈으로 나를 보면서 아이스크림을 한입 먹었다. 나는 벳시가 웃지 않자 오기가 생겨서 같은 농담을 반복했다. 벳시는 마음이 상했다.

"재미없어." 벳시가 말했다.

"재밌잖아." 내가 응수했다.

"아니야, 돈." 벳시는 에돌지 않았다. "나는 사랑한다고 말하는데 자기는 내 말을 믿지 않잖아. 그건 멍청한 짓이야. 자기가 하는 말은 내가 조건적인 사랑을 한다는 거잖아. 자기는 스스로 비하하면서 재미있다고 생각하지만 그 말의 진짜 의미는 자기는 단점이 있기 때문에 나를 사랑할 자격이 없다는 거잖아. 그런 말은 듣기 싫어."

나는 수영을 열심히 하지 않는 나를 자책하면서 벳시의 말을 떠올렸다. 벳시를 행복하게 해주고 싶다면 내 단점이 은총을 받는 통로라는 것을 믿어야 했다. 우리는 잘 모르지만, 단점은 우리를 우리가 사랑하는 사람과 묶어 주는 접착제다. 은총은 결함과만 결합한다. 자신의 결함을 인정하지 못하는 사람은 은총도 받지 못한다.

이튿날 나는 연못으로 돌아갔다. 연못을 돌면서 20분가량 수영을 했다. 구석구석 삭신이 쑤셨다. 수영을 멈추고 선창 끄트머리에 앉아서 쉬었다. 예의 그 불만족감이 깊은 데서 올라왔다. 하지만 이번에는 그 감정을 무시했다. 벳시가 나에게 바라는 것은 자기 만족도 완벽주의도 아니다. 이 두 가지 극단은 죽음의 구역이었다. 그래서 나는 수영을 하려고 선창에 내려온 나를 칭찬했다. 나는 나에게 사실대로 말했다. 1년 동안 매일 조금씩 운동을 하면 건강해질 것이라고. 나는 나에게 계속 운동을 할 거냐고 물었다. 하고 싶지 않았다. 하지만 연못을 돌면서 수영을 하고 루시에게 테니스공을 던졌다. 루시는 선창에서 뛰어올라 공이 물에 빠지기 전에 낚아챌 수 있게 됐다. 나는 오두막에 온 이후 처음으로 여유를 느꼈다. 벳시도 열심히 하지 않는다고 늘 자책하는 남자보다 여유로운 남자와 결혼하면 더 행복하지 않을까.

셋째, 상어보다 구조대원이 더 많다

연못에서 수영을 하며 관계에 대해 마지막으로 깨달은 것은, 세상에는 상어보다 구조대원이 더 많다는 것이다. 내 말뜻은 대부분의 사람들은 나에게 해코지하지 않는다는 것이다.

내가 천성적으로 친밀한 관계를 두려워하는 것은 아니다. 고등학생 시절에는 사람들과 아주 가깝게 지냈다. 사실 지금까지 무척 친밀하게 지내는 사람들은 모두 스물다섯 살이 되기 전에 만났다. 그 이후로는 인간관계가 복불복이었다. 정확한 이유는 모르겠지만 부분적으로는 내 신뢰를 저버린 사람들을 만났기 때문이 아닌가 싶다. 핏대를 세우면서 이야기할 만한 끔찍한 사연은 없다. 실패한 사업 거래 두어 건, 잘잘못을 따지는 사이 몇 명, 가끔씩 트위터에서 나를 괴롭히는 사람들이 전부다. 어느 순간 나는 사람들을 믿지 않게 됐다. 나는 모든 사람이 인생을 헝거게임처럼 먹고 먹히는 경쟁으로 본다고 믿기 시작했다. 어느 정도는 그런 거짓말을 믿었다. 누군가의 도움이 필요하면 가깝게 지내되 적당한 거리를 유지하면서 언제든 낙하산을 메고 뛰어내릴 준비를 했다.

나는 이 문제를 해결하지 않으면 안 된다는 것을 워싱턴 디시를 떠나기 직전에 알았다. 나는 친구 존 카튼 리치몬드와 점심을 먹고 있었다. 존은 미국 법무부에서 인신매매와 민권을 담당하는 검사다. 존은 아동과 난민을 노예로 부리고 성인신매매범에게 팔아넘기는 범죄자들을 잡는 미국 최고의 검사다. 또한 존은 내가 아는 최고의 남편이자 아빠다. 낮에는 세상에서 가장 악랄한 범죄자들을 기소하고, 저녁에는 아이들과 함께 축구공을 차는 실존하는 슈퍼히어로다. 존의 아내는 남편을 존경해 마지않는다. 존은 결혼을 앞둔 내가 가장 본받고 싶은 친구다.

어느 날 오후, 나는 존의 사무실 근처 힐컨트리에서 바비큐를 먹으면서 그에게 굉장한 사실을 발견했다고 말했다. 나는 벳시가 나를 해칠 것 같지 않다고 말했다. 정색을 하고 사뭇 진지하게 말하는데 존이 웃기 시작했다. 존은 마시던 레모네이드를 뿜을 뻔했다.

"돈, 벳시가 부디 널 해치지 않길. 벳시는 네 아내가 될 사람이야!"

터무니없는 말이었다. 벳시를 비난할 뜻은 없었다. 사람들이 생각보다 나쁘지 않다는 것을 깨달았다고 말하고 싶었을 뿐이다. 게다가 나에게 그런 믿음을 준 사람은 다름 아닌 벳시였다. 나는 존에게 예전에는 여자란 결국 나를 조종하고 나를 이용해 먹을 존재라고 생각했다고 설명했다. 그런데 이제는 확실치 않았다. 적어도 모든 사람이 그럴 것이라는 생각은 버렸다. 존은 다시 웃었다. 그는 미소 띤 얼굴로 고개를 절레절레 흔들었다.

"돈, 멋진 깨달음이군. 내 생각도 그래."

존은 잠시 생각하더니 말했다. "알다시피, 어려운 문제야. 사람의 마음이란 게. 악랄한 범죄자들을 상대해 보면." 존은 슬픈 눈빛으로 나를 보았다. "내가 일하며 만나는 강간범, 살인자, 아동 성인신매매 조직의 두목들 말야. 그런데 돈, 그들의 공통점이 뭔지 알아?"

"뭔데?"

"그들은 모두 남들이 자신에게 해코지하려 한다고 생각해. 나는 우리 비극의 씨앗은 불신이 아닌가 싶어. 간단한 문제가 아니란 건 알아. 내가 감옥에 넣은 거의 모든 죄수가 불행히도 폭력의 희생자들이었지. 그러니까 남들을 믿지 못할 테고, 먼저 죽이지 않으면 자기가 죽는다고 여기겠지. 그런 생각을 하면, 그들만큼은 아니더라도 우리 역시 불신의 문제가 조금씩은 있다는 생각을 하게 돼. 나도 나를 모르겠어. 내가 좋은 관계를 오랫동안 유지하기 위해 때로는 상처도 받고 순순히 다른 쪽 뺨을 내밀 수 있을까?"

존은 내 눈을 보면서 말했다. "나는 네가 아주 중요한 걸 발견한 것 같아서 좋아. 벳시를 한번 신뢰해 볼 만하다고 생각해. 그녀와 정말 친밀해지는 거지."

그날 오후 존과 이야기를 한 이후로 재미있는 사실을 볼 수 있었다. 내가 만났던 가혹한 사람들에게는 두 가지 공통점이 있었다. 그들은 아무도 완전히 믿지 않았고 인간관계를 목적을 이루기 위한 수단으로 여겼다.

몇 년 전, 애플 컴퓨터의 고객 서비스에 관한 기사를 읽었다. 애플은 직원들에게 고객들이 '좋은 의도'를 가지고 있다는 것을 믿으라고 말한다. 고객들이 찾아와 불만 사항을 말하더라도 그들이 부당한 이득이나 공짜를 바란다고 생각하지 말라고 교육한다는 것이다. 애플은 때로 손실이 나더라도 고객과의 신뢰 관계가 그런 손실을 상쇄한다는 것을 알고 있었다.

사람을 신뢰하는 것은 더디고 자연스러운 과정이다. 그런데 나는 이미 보상받고 있다. 벳시를 믿을수록 내 영혼은 더 부드러워졌다. 벳시를 믿었더니 내가 변했다.

벳시는 오두막을 떠나기 전 나와 같이 선창에 나란히 누웠다. 우리는 구름을 보면서 내가 여전히 힘들어하는 어색한 침묵을 나눴다. 아무래도 이야기를 해야 할 것 같아서 벳시에게 수영장과 호수와 바다 중에서 수영을 하고 싶은 곳을 고르라고 말했다. 벳시는 상체를 일으켜 선창 밑으로 발을 흔들더니 바다에서 수영을 하겠다고 대답했다. 벳시는 자랄 때 사촌들과 플로리다에 가서 하루 종일 바다에서 물장구를 치고 작대기로 해파리를 쿡쿡 찌르고 모래 묻은 땅콩버터젤리 샌드위치를 먹으면서 놀았다. 밤이 오면 사촌들과 한 이불을 덮고 누워, 여전히 바다에 떠 있는 것처럼 몸이 떠올랐다가 가라앉는 기분을 느끼며 키득키득 웃었다. 벳시가 기억하는 행복한 시절이었다.

벳시는 나에게 수영장과 호수와 바다 중 어디서 수영하고 싶은지 물었다. 나는 호수를 골랐다. "왜?" 벳시가 물었다. 호수에는 해파리, 해초, 상어 같은 게 없어서 좋다고 말했다. 잠시 후 벳시는 해파리한테 물리지 않게 피하는 것도 모험의 일부라는 점을 일깨워 줬다.

벳시는 내 머리를 쓰다듬고 이마에 키스했다. 나는 벳시에게 원한다면 연못에 해파리를 풀어놓겠다고 말했다.

"한번씩 해파리한테 쏘여 보는 것도 좋아. 해파리한테

물린 날 침대에 누워 있으면 바다에 둥둥 떠 있는 느낌이 들고 사촌들과 어울려 웃을 수 있으니까."

벳시는 자신이 바다보다 더 중요한 이야기를 들려줬다는 사실을 몰랐을 것이다. 벳시는 사랑이라는 모험에 대해 이야기했다. 아주 위험한 미지의 세계로 뛰어들어도 그만한 가치가 있다는 이야기를.

6장

진짜 삶에서의
무대 공포증

말했듯이, 내가 오두막을 빌린 이유는 책을 마무리 짓기 위해서였다. 워싱턴 디시에 돌아가서도 할 수 있었겠지만 확신이 없었다. 나는 책을 끝내야 했다. 아니, 더 솔직하게 말하면 내 안에 있는 상처 때문에 책을 끝내야 했다. 이제부터 그 이유를 설명하겠다.

벳시가 애슈빌을 떠난 뒤 쓸쓸함과 더불어 약간의 압박

을 느꼈다. 책은 생각만큼 잘 써지지 않았다. 달력을 보니 마감이 코앞이었다. 4주 뒤에는 강의를 하러 다녀야 하기 때문에 그 안에 탈고하지 못하면 끝까지 끌고 가기 어려울 터였다. 리허설 디너와 신혼여행 비용을 대기 위해 강의 약속을 잔뜩 잡아 놓은 탓이었다.

이런 압박은 전혀 좋을 게 없었다. 나는 느긋하게 독자와 마주앉아 편하게 이야기하는 기분이 들어야 글을 잘 쓴다. 억지로 쓰면 잘 안 된다. 나는 그렇다.

그렇게 압박을 느끼고 있던 어느 날 오후, 때마침 벤 렉터가 새 앨범을 발표했다. 벤은 벳시와 내가 좋아하는 가수다. 우리는 벤의 열광적인 팬이다.

벤의 앨범을 내려받아 베란다에 앉아서 듣고 있는데 처음 듣는 노래가 나왔다. 제목은 〈돈을 벌어 봤자Making Money〉였다. 옛날 빌리 조엘의 노래와 비슷했다. 밤늦게 피아노 앞에 앉아서 쓴 일기 같은 노래였다. 최근에 성공을 거둔 벤은 인생이 바뀌었다. 벤은 새로운 삶을 살며 얻은 것들의 가치에 대해 묻고 있었다.

돈을 버는 건 쉽지 않아
그런데 돈을 번다고 행복한 건 분명 아니야

희한한 일이지

돈을 버는 데 그토록 혈안이라니

돈이 있어도 슬픔은 찾아오지

돈이 있어도 사랑은 떠나가지

내 생각은 그래

돈을 벌어 봤자 무슨 소용이야?

위스키를 마셔서인지, 그날따라 특별히 산비가 내려서인지, 벳시가 몹시 그리워서인지, 그 노래를 듣고 있자니 마음이 무너졌다. 나는 우두커니 앉아, 사랑하는 연인에게서 내가 왜 그렇게 멀리 떨어져 있는지 비로소 깨닫고 있었다. 책을 완성하지 못하거나 조금이라도 유명한 작가로 남아 있지 않으면, 또는 돈을 벌지 못하면, 또는 남들에게 성공을 인정받지 못하면, 벳시가 나를 사랑하지 않을 거라고 은연중에 믿고 있기 때문이었다.

이게 사실이 아니란 건 안다. 하지만 머리로는 알아도 몸이 말을 듣지 않을 때가 종종 있다. 내가 느끼는 스트레스, 조급증, 밤이면 찾아오는 책을 완성하지 못하리라는 불안들은 내가 번듯한 사람이 되지 못하면 아무도 나를 사랑하지 않으리라는 심각한 걱정에서 비롯된 게 분명했다.

하지만 벳시는 돈에 관심이 없었고, 내가 유명한 작가라는 사실은 오히려 벳시와 데이트를 할 때 극복해야 했던 큰 장애물에 불과했다. 벳시는 나를 거만한 사람으로 보았다. 어느 정도는 사실이었을 것이다.

여하튼, 결혼한 뒤에도 내가 성공하지 못하면 벳시가 나를 사랑하지 않으리라고 믿는다면 결혼생활은 재앙이 될 것이다. 신은 내가 결점투성이란 사실을 서둘러 폭로하고는 즐거워하실 것이다. 그제야 내가 진짜 친밀한 관계가 어떤 것인지 고민하게 될 테니까.

어느덧 우리는 강해야, 똑똑해야, 매력이 있어야 인정받는다는 거짓말을 믿게 됐다.

그래서 나에게 무대 공포증 같은 게 생긴 건지도 모르겠다. 대중 연설을 앞두고 느끼는 그런 공포증을 말하는 게 아니다. 나는 파티에서 사람들과 대화를 나누기보다는 혼자 있거나 가까운 친구하고만 있고 싶다. 나는 사람들을 만나면 진이 빠진다. 또 그때마다 항상 인생이라는 무대에서 연기를 하고 있는 느낌이 든다.

번듯하게 행동하고 싶고 사람들의 인정을 받고 싶은 내 욕구의 기원은 먼 옛날로 거슬러 올라간다. 아버지는 내가 앞가림을 할 무렵 떠났다. 어머니와 누나와 나는 버림받고 방치됐다고 느꼈다. 집안에서 유일한 남자였던 나는 실제보다 조금 더 번듯하고 더 나은 사람이 되어야 할 것 같았다. 어리석은 생각이었지만, 아이들은 현실을 객관적으로 처리하는 능력이 부족하지 않은가.

그 시절에 내가 똑똑한 사람임을 증명하고 싶은 이상한 욕구가 생겼다. 무슨 이유에서든 어머니와 누나는 물론이고 가족의 친구들에게까지 내가 똑똑하고 일을 척척 해낼 수 있는 사람임을 증명하는 것이 중요했다.

문제는 내가 특별히 영특한 아이가 아니었다는 것이다. 나는 학교를 싫어했고 책에 관심이 없었고 숙제는 단 한 번도 하지 않았다.

하루는 〈60분〉이란 방송에서 어떤 아이를 소개하는 것을 봤다. 자폐증이 있는 아이였는데 어떤 음악이든 한 번 들으면 피아노로 연주할 수 있었다. 나는 그 아이를 미친 듯이 질투했다. 예배당 피아노 앞에 앉아 여러 번 요란한 실패를 맛본 뒤에야 나는 다른 길을 찾아야 한다는 것을 깨달았다.

가끔 나는 질문을 받으면 바로 대답하지 않고 머릿속에 사진으로 저장해 둔 정보를 검색하기라도 하는 듯 눈을 희번덕였다.

하루는 베이비시터 누나가 "어떤 샌드위치 좋아해?"라고 물었다.

나는 대학자의 정신을 소유하고 있다는 것을 여실히 보여주려고 눈을 크게 까뒤집었다. 그러고는 눈알을 다시 원래 위치로 되돌린 후 대답했다. "땅콩버터젤리요." 누나는 마치 우리 사이에 강력한 교감이 있었던 것처럼 가만히 서서 나를 봤다. 그건 오해였다. 내가 귀신 들렸다고 생각한 베이비시터가 한둘이 아니었다.

한번은 누나의 생일 파티 날 아침, 내 방을 청소하다가 옷장에 처박혀 있던 구식 테이프 녹음기를 발견했다. 나는 누나의 친구들이 오기 전에 잡동사니를 보관하는 서랍에서 드라이버를 꺼내 녹음기를 분해한 후 부품들을 침대 위에 늘어놓았다. 나는 부품들의 이름이나 작동 방식을 전혀 몰랐지만 뭘 아는 것처럼 이리저리 배치했다. 때마침 누나의 예쁜 친구들이 나타나자 나는 얼른 녹음기를 조립하는 시늉을 했다. 내가 부품 하나를 집어 들자 그들은 그게 뭐냐고 물었고, 나는 드라이버를 돌리면서 성가시다는 듯이 전자 공학을 모르면 말해 줘도 모를 것이라고 대답했다. 그들은 어깨를 으쓱하고는 강중강중 뛰어나갔다. 나는 누나들의 반짝반짝 찰랑거리는 머릿결을 곁눈질로 좇았다.

어린 시절 나는 사실과 다른 내 모습을 이런 식으로 연출했다. 그 후로도 계속 그랬던 것 같다. 실력은 갈수록 늘었다. 요즘은 일필휘지로 쓴 것처럼 보이려고 오두막에서 몇 주 동안 글을 쓰고 고치길 반복한다.

어느 정도는 그것이 작가의 일이지만, 실은 글쓰기란 전부 미묘한 조작이다. 항상 악의가 있는 것은 아니지만 보통은 두 가지 목적에 충실하다. 첫째, 생각을 전달하고 둘째, 작가를 똑똑한 사람으로 보이게 하는 것.

온사이트에 다녀온 후 계속 상담을 받으면서 내 무대 공포증의 발원지에 대해 많이 알게 됐다. 빌은 우리가 털어놓은 생각에 대해 계속 알아 가는 작업이 중요하다고 말했고, 나는 그대로 따랐다.

친구가 소개해 준 상담가는 쾌활한 할머니였다. 은퇴할 나이가 훌쩍 넘었는데도 워낙 사람을 좋아하고 상담도 좋아해, 해마다 남편과 크루즈 여행을 여러 번 할 수 있을 정도만 내담자를 받아서 상담했다. 그녀는 만날 때마다 다음 번 여행 계획을 늘어놓았다. 그분 스스로 절제하지 않으면 안 될 정도였다. 그들은 터크스 케이커스 제도, 알래스카, 버뮤다를 여행했고 하와이는 네 번이나 다녀왔다. 우리가 두 번째 만난 날에는 브로슈어까지 나에게 갖다 줬다. 그녀는 내가 유람선에 오르면 다른 유람객들과 서른 살쯤 차이가 나 선상에서 가장 젊겠지만 여행을 진지하게 생각해 보라고 권했다. 솔직히 말하면 솔깃했다. 일주일 동안 선상에서 먹고 싶은 음식을 마음껏 먹고 블랙잭 테이블에서 25센트씩 내기를 하고 9시 반에 잔다고 생각하니 즐거울 것 같았다. 특히 할머니의 설명이 마음에 들었다. 몸으로든 마음으로든 해야 할 일을 다 마친 이 노부부는 마침내 우리가 인생을 즐기러 왔지 거기에 익사당하려고 온 건 아니라는 사실에 눈뜬 것 같았다.

아무튼 상담은 시작되었고 그녀는 내가 돌파구를 찾도록 도와주었다. 그녀는 벽에 커다란 포장지를 붙여 놓고 얼굴과 몸이 큼지막한 사람을 그렸다. 그러고는 그 바깥에 그 사람보다 더 큰 사람을 또 그렸다. 그녀는 두 사람이 각각 나의 내적 자아와 외적 자아라고 말했다. 그리고 각 자아 안에 그 자아를 묘사하는 단어를 써 보라고 시켰다. 나는 내적 자아 안에 친절하다, 침착하다, 똑똑하다, 의젓하다, 현명하다 같은 단어를 적었다. 전부 긍정적인 단어들이라서 놀랐다. 내적 자아는 건강하게 잘 지내고 있었다. 그리고 외적 자아에는 자랑하다, 절박하다, 불안하다, 재미있다, 매력적이다, 피곤하다 같은 단어를 적었다. 나는 역시 놀랐다. 외적 자아는 큰 압박을 느끼고 있었다. 내가 여러 사람과 함께 있는 것보다 혼자 있는 것을 더 편하게 느끼는 데는 이유가 있었다.

나는 자리에 앉아서 그녀와 함께 그림을 관찰했다. 그녀는 그림의 뜻을 정확히 알고 있는 것 같았다. "이게 얼마나 재미있는 그림인지 아시겠어요?" 나는 전혀 모르겠다고 대답했다.

그녀는 자리에서 일어나 의자 두 개를 서로 마주보게 놓았다. 한쪽 의자는 나의 내적 자아이고, 마주보는 다른 의자는 나의 외적 자아를 뜻한다고 했다. 그러고는 내적 자아를 상징하는 의자에 나를 앉히고 기분을 물었다. 나는 기분이 좋다, 차분하고 평안하다고 말했다. 그녀는 내 나이를 물었다. 실제 나이가 아니라 내적 자아를 상징하는 의자에 앉아 있으면서 느끼는 나이를 묻는 것이었다. 나는 잠깐 생각한 뒤 서른다섯 살쯤이라고 말했다. 인생을 알 만한 나이면서도 앞으로 수십 년은 더 일할 수 있는, 뭔가를 시작하기에도 충분히 젊은 나이였다. "좋아요. 훌륭해요." 그녀가 말했다.

그다음은 나에게 외적 자아를 상징하는 의자에 앉으라고 말했다. 나는 일어나 그쪽 의자로 걸어갔다. 조금 붕 떠 있고 혼란스럽고 짓눌린다는 느낌이 들자, 나는 그 사실을 밝혔다. 그녀가 물었다. "돈, 이 의자에서는 몇 살처럼 느껴져요?"

"아홉 살. 아홉 살이요." 그녀는 나에게 가만히 앉아서 생각을 정리할 시간을 줬다. 이상하고 엉뚱한 소리로 들리겠지만, 한쪽 의자에서는 내가 정말 유능한 어른 같았고 다른 쪽 의자에서는 겁에 질린 아이 같았다.

"돈, 자신의 모든 행동을 아홉 살 난 꼬마에게 맡기고 있었다는 사실을 아시겠어요?"

나는 그 말을 완벽하게 이해했다. 나는 아이였을 때부터, 실제 내 모습보다 더 번듯하고 똑똑해야 한다고 잘못 믿었을 때부터 가식적으로 행동했고 실제보다 더 유능한 것처럼 보이려고 부단히 애썼다. 나는 테이프 녹음기를 분해했던 그 아홉 살 난 꼬마를 외부로 보내서 강의도 하고 연기도 하고 사람들을 만나게도 했던 것이다.

그녀는 나에게 다시 어른 의자에 앉아서 아홉 살 꼬마에게 내 생각을 말해 주라고 했다. 나는 무슨 말을 꺼내야 할지 몰랐다. 그녀는 꼬마의 모습을 상상해 보라고 주문했고, 나는 즉시 영화 〈구니스〉에 나오는 토실토실한 아이를 떠올렸다. 나는 싱긋 웃었다. 나는 그 아이를 좋아했다. 그는 재미있었고 순진했고 겨우 아홉 살이었다. 그는 외롭고 두려워하는 것 같았다. 그가 관심을 받을 수 있는 방법은 주위 사람에게 자신이 실제보다 더 똑똑하고 힘이 세다는 것을 증명해 내는 것밖에 없었다.

그녀는 꼬마에게 해주고 싶은 말을 하라고 다시 주문했다. 나는 잠시 꼬마를 쳐다봤다. 꼬마도 눈을 크게 뜨고 호기심에 찬 눈빛으로 나를 쳐다봤다. 나는 마침내 꼬마에게 네가 좋다고 말했다. 또한 그에게 재미있고 귀엽고 영리하다고 말했다.

"더 없어요?" 그녀가 물었다.

"있어요." 나는 꼬마에게 말했다. "미안해. 내가 여기 앉아 책을 읽는 동안 널 억지로 세상 밖으로 밀어내 사람들의 관심을 끌고, 싸우고, 돈을 벌어 오게 해서 미안해."

강렬한 순간이었다. 나는 테이프 녹음기를 분해했던 아이와 완전히 분리됐다. 나는 그 아이에 대해 모르는 게 많았다. 나는 그 아이를 성숙한 어른으로 기르지 못했고, 그 아이는 지난 30년 동안 관심에 굶주린 채 외롭게 지냈다. 내가 세상에서 숨어 지낸 건 전혀 놀랄 일이 아니다. 파티에 가면 피곤해지고, 강의를 마치면 탈진하는 것은 당연했다. 누가 비난하면 화를 내고 실패에 과민반응을 보이는 것도 당연했다. 내가 세상에 내보내 일을 시켰던 내 자아는 여러모로 미숙했고, 살아남기 위해 여전히 더 번듯하고 똑똑하게 보이려고 발버둥치고 있었다.

나는 난니 모레티 감독의 이탈리아 영화 〈우리에겐 교황이 있다〉를 무척 좋아한다. 영화는 바티칸 내부에서 일어나는 일을 느릿느릿 아름답게 묘사한다. 추기경들이 서거한 교황의 뒤를 이을 새 교황을 선출하기 위해 모인다. 투표를 거듭하지만 의견은 번번이 엇갈린다. 마침내 추기경 멜빌이 새 교황으로 선출되고, 멜빌은 소극적인 자세로 마지못해 교황직을 수락한다. 무언가 감동적인 장면이다.

멜빌은 자신이 부적격자라는 부담감을 이기지 못하고 발코니에서 공식 발표를 하기 직전에 달아난다. 그는 자신의 방으로 돌아가 기도한다. 성 베드로 광장에 운집한 수많은 인파는 공식 발표가 이튿날로 연기됐다는 소식을 듣는다. 하지만 새 교황은 방에서 나가지 않겠다고 완강히 버틴다. 그는 두려움에 마비된다.

추기경들은 새 교황에게 평복을 입히고 바티칸을 몰래

빠져나와 그를 정신분석학자에게 데려간다. 그는 내담자가 새 교황이란 사실을 모른다.

이 장면은 미묘하고도 훌륭하다. 상담가는 내담자를 치료해야 하는데 정작 멜빌은 자신의 정체나 처지를 밝힐 수가 없다. 상담가는 내담자에게 직업이 뭐냐고 묻는다. 멜빌은 침묵을 지키며 앉아 있다가 정체를 밝히지 않으면서도 자신의 직업을 설명할 묘안을 떠올린다. "배우입니다." 그의 대답은 모든 것을 설명한다. 그의 직업은 한 인간으로서 자신의 실제 모습과 관계가 있든지 없든지 그저 맡은 배역을 자신 있게 연기하는 것이다.

나는 그 대답에 얼마나 공감했는지 모른다. 나는 배우다. 나는 맡은 역을 연기한다.

멜빌은 바티칸 관리들의 눈을 피해 상담가의 사무실에서 로마의 거리로 빠져나간다. 심란한 멜빌은 시내를 떠돌며 곧 자신이 봉사해야 할 복잡한 세상에 놀라움을 느낀다. 그는 무서운 현실에서 도망칠 요량으로 연극 공연장에 가지만 발각된다. 바티칸 관리들은 멜빌이 숨어 있는 공연장으로 진입해서 연극을 중단시키고 멜빌을 바티칸으로 데리고 돌아간다.

추기경들은 힘겹게 새 교황의 연설을 준비한다. 그들은

멜빌에게 교황복을 입히고 그가 발코니에서 읽을 발표문을 점검하다 멜빌의 손이 떨린다. 추기경들은 기도한다. 멜빌은 나가고 싶어 하지 않는다.

그러다 문득 멜빌의 얼굴에 평화가 깃든다. 그는 깨달음을 얻는다.

성 베드로 광장에는 희망에 찬 교인들이 인산인해를 이루고 있다. 새로운 교황이 발코니에 나타나자 사람들은 한꺼번에 환호한다. 새로운 교황은 멜빌이다. 그는 가만히 서서 열광하는 사람들을 잠시 바라본 뒤 끝내 발표문을 접고 마이크에 다가가 교황직을 사양한다. 그는 추기경들이 교황을 잘못 선택했다고 말한다.

발표를 듣고 추기경들은 경악한다. 그러나 추기경 멜빌은 평온하다. 그가 내린 결정에는 이런 뜻이 있는 것 같다. 그는 배우가 되기 싫었고 신을 섬기기 위해 연기를 할 필요를 느끼지 못했다.

이 영화를 만든 난니 모레티 감독은 이탈리아에서 비난받았다. 그들은 이 영화가 교황직을 비판한다고 봤다. 하지만 나는 다르게 봤다. 이 영화는 나답게 사는 데 따르는 대가와 보상이 무엇인지 보여주는, 인간미 물씬 풍기는 이야기다. 진정한 자신이 되려면 두려움에 맞서야 하지만 진실함을 보상으로 받는다. 내가 말하는 진실함이란 겉과 속이 똑같은 진실한 영혼이다. 진실한 사람이 된다는 것은 겉과 속이 일치하는 사람이 된다는 것이고, 진실하지 않은 사람은 인생이 고단해진다.

배역을 연기해서 얻는 이익에 눈이 멀어 결국 군중 속의 소외라는 대가를 치르는 사람이 얼마나 많은지 모른다.

실제보다 더 번듯하고 똑똑하게 보이려 애쓰는 것은 고단한 노동과 다름없고, 그러다 우리는 끝내 무너진다. 사람들이 지성과 힘, 돈에 끌리는 것은 사실이지만 끌림과 친밀감은 다르다. 호감을 느낀다고 반드시 친해지는 건 아니다. 내 친구들 중에 섹시하거나 강하거나 매력적이라는 이유로 호감을 얻지만 얼마 안 가 외로워하는 사람이 얼마나 많은지 모른다. 사람들의 이목을 끄는 것과 그들을 사랑하는 것은 별개의 문제다.

애슈빌의 베란다에 앉아 산비를 바라보며 벤 렉터의 노래를 듣는 동안, 나는 벳시가 원하는 것이 나라는 것을 깨달았다. 나는 내가 부족한 사람이 아니란 것을 믿어야 했다. 벳시는 내 돈이나 힘 같은 것을 원하지 않았다. 그런 게 잠깐 매력을 발휘

할 수는 있겠지만, 어떤 것도 우리를 친밀한 관계로 만들어 주지 못했다. 벳시는 나를 원했다.

벳시와 내가 처음 약혼에 대해 이야기했던 날을 기억한다. 우리는 계획을 세우고 날짜를 잡고 1년 뒤의 모습을 생각해 보았다. 조금 진지한 순간이었다. 벳시는 약혼 반지의 종류에는 관심이 없었고 어떤 식으로 청혼을 해도 괜찮다고 말했다. "그렇지만 축구장 전광판 이벤트 같은 건 꿈도 꾸지 마." 나는 빙그레 웃었다. "절대로 안 할게." 벳시는 안도의 웃음을 지으며 땀이 난 이마를 훔쳤다.

그날 이후로 우리는 여러 번 내셔널 리그 경기를 관전했고, 레드스킨스와 맞붙은 시호크스의 원정 경기가 있던 날에도 축구장에 있었다. 나는 언제라도 무릎을 꿇고 청혼할 수 있다는 말로 벳시를 놀렸다. 벳시는 눈을 굴리면서 신발 끈이나 묶으라고 응수했다.

돌아보면 재미있는 추억이지만, 축구장 농담은 내가 결혼할 여자에 대해 많은 것을 말해 주었다. 벳시는 사랑을 상영하고 싶어 하지 않았다. 벳시는 배우가 아니다. 벳시는 소통을 원한다. 벳시는 돈이나 힘, 인기에서 사랑을 느끼지 않았다. 그저 아침에 전화를 걸어서 오늘 하루를 위해 기도하고, 보고 싶다는 문자메시지를 보내고, 손수 편지를 쓰고, 출장을 가면 엽서를 보내고, 바에 갈 때면 벳시가 좋아하는 술을 기억하고, 벳시의 친구들이 잘 지내는지 묻고, 진지하게 대화할 때는 농담의 연막 속으로 숨지 않는 것. 사실 이런 일들은 전혀 어렵지 않다. 그저 배려하고 조금이라도 벳시의 관점으로 세상을 보면 된다. 연기하지 않아도 된다. 나 자신을 그대로 보여주기만 하면 된다.

내가 지금껏 사람들의 이목을 끌기 위해 애썼던 것은 대부분 시간 낭비였다. 어떤 면에서는 고맙기도 하다. 불안을 먹고 여기까지 왔으니까. 하지만 지금부터는 내 안의 어른 자아와 꼬마 자아가 하나가 되어 친밀한 관계를 맺을 수 있는 건강한 인간이 되어 가야 한다. 내가 사랑받지 못하리라고 느꼈던 불안과 의심은 근거가 없는 게 아니었다.

사람들이 지성, 힘, 돈, 외모, 재능 같은 온갖 것에 끌리는 건 사실이다. 하지만 우리가 변함없이 사랑하는 사람들은 우리를 너그럽게 사랑해 주는 이들이다.

7장

우리가 사랑하기로 한 사람들

법무부에서 일하는 친구 존 카튼 리치몬드에게 배운 사실이 있다. 세상에는 위험한 사람들이 있다는 것. 존은 강력 범죄자들을 감옥에 집어넣는다. 존은 마음이 편하지 않다고 했다. 범죄자들 역시 어린 시절에는 피해자였다. 존은 범죄자들의 사연을 들으면 연민을 느끼지만, 자신에게는 범죄자들로부터 사회를 보호할 책임이 있다고 했다.

어떤 사람은 아픈 과거가 있는데도 건강하고 이타적인 사람이 되는데, 왜 어떤 사람은 자신의 아픔으로 남을 괴롭히는 사람이 되는지 모르겠다. 내가 만난 가장 아름답고 이타적인 사람들은 거의 빠짐없이 큰 아픔을 겪은 사람들이었다. 그들을 생각하면 컬럼비아 강 협곡에서 가끔씩 마주친 나무들이 떠오른다. 그 나무들은 큰 바위 밑에서 자라기 시작했지만 바위에 짓눌려 있지 않고 바위 표면을 서서히 휘감아 햇빛이 있는 곳까지 뻗어 나갔다.

그런데 받아들이기 힘든 사실이긴 하지만, 그런 나무들을 방해하는 바위 같은 사람들이 있다. 그런 사람들에게도 구원이 있고 희망이란 게 있겠지만, 그들이 위험하다는 사실은 변하지 않는다. 내가 이런 말을 하는 것은 건강한 관계가 건강한 사람들 사이에서 생겨난다는 것을 알고 내 인생이 긍정적으로 발전했기 때문이다. 남녀 관계만이 아니다. 우정, 이웃, 동업 관계도 마찬가지다.

내가 존을 존경하는 가장 큰 이유는 존이 연민과 정의를 두루 갖추고 있어서다. 존은 말 그대로 연민과 정의를 동시에 실천하는데도 어느 한쪽이 다른 쪽을 방해하는 법이 없다.

하루는 친구 벤에게 나한테 거짓말을 했던 사람에 대해

이야기했다. 그 사람은 나와 일을 같이 했었는데 돈 문제에 정직하지 않았다. 영화 촬영감독인 벤은 나보다 열 살이 많고, 남들에게 쉽게 이용당할 것같이 마음이 여리다. 그런데 그 사람에 관한 이야기를 들은 벤이 이렇게 말했다. "돈, 이 세상에는 주는 사람이 있고 빼앗는 사람이 있어. 나는 빼앗는 사람들과 서서히 멀어졌어. 그랬더니 훨씬 더 나아졌어." 그러고는 이렇게 덧붙였다. "안됐어. 올바르게 행동하는 법을 배운다면 다시 받아줄 수 있지만 내 마음은 내가 지켜야 해."

처음에는 이 세상에 주는 사람이 있고 빼앗는 사람이 있다는 벤의 말을 받아들이기가 어려웠다. 나는 그 친구를 붙잡지 않고 떠나보낸 내가 지질하게 느껴졌었다. 그런데 문득 그와 내가 애초에 건강한 관계가 아니었다는 것을 깨달았다. 거짓말을 하는 사람과는 실제로 소통할 수가 없다. 그리고 깨달은 게 하나 더 있다. 그를 버린 것은 내가 아니었다. 정정당당하게 행동하지 않고 건강한 관계를 유지하지 못한 건 내 친구였다. 그런데 참 이상한 게 있다. 그와 멀어진 후 나는 그를 더 좋아하게 됐다. 나는 확실히 나를 지켰다. 그런데 분노는 사라져 버렸다. 그가 더이상 나에게 상처를 주지 않게 되자 나는 마침내 연민과 은총을 되찾았다.

 방조를 옹호으로 오해하여 자신의 인생을 지키지 못한 사람이 얼마나 많을까. 몇 년 전, 공동체를 상대로 사기극을 벌인 부부에 관한 성경 이야기를 교회에서 들은 기억이 난다. 아나니아라는 남자는 땅을 팔아서 번 돈의 일부를 교회에 기부하면서 그 돈이 전부라고 거짓말을 했다. 하나님은 그 자리에서 그를 죽이셨다. 그는 공동체에 거짓말을 하자마자 정말로 그 자리에서 즉사했다. 남편이 죽은 줄 몰랐던 부인은 조금 뒤에 공동체를 찾아가 똑같은 거짓말을 했다가 똑같은 최후를 맞았다. 문제는 그들이 내놓은 돈이 수익금의 전부이냐 아니냐가 아니었다. 수익금 전부를 내놓은 사람은 드물었을 것이다. 문제는 두 사람이 공동체에 거짓말을 했다는 것이었다.

 기억나는 이야기가 하나 더 있다. 예수님이 정말 마음에 드는 부자를 만나셨다. 예수님은 그에게 재산을 모두 처분하고 따라오라고, 같이 다니자고 제안하셨다. 부자는 그 말씀을 따르고 싶었지만 재산을 처분하고 싶지는 않았다. 예수님은 그를 보고 사랑스럽게 여기셨다. 나무라거나 호통치지 않으셨다. 가만히 서서 자애롭게 여기셨다. 하지만 결국 두 사람은 각자의 길로 떠났다.

나는 이것을 부의 위험에 대한 이야기라고 생각했다. 지금도 어느 정도는 그렇게 생각하지만, 이건 경계선에 관한 이야기이기도 하다. 예수님은 부자의 수영장에서 수영을 하거나 부자와 함께 스페인에서 휴가를 보내기 위해 자신의 목적과 공동체와 사명을 저버리는 행동은 하지 않으셨다.

나는 예수님과 부자에 관한 이야기가, 모든 사람이 초대를 받아도 모든 사람이 선뜻 응하는 건 아니라는 점을 보여주는 이야기이기도 하다고 생각한다.

얼마 전 〈60분〉에서 몰리 세이퍼가 배우이자 마술사인 리키 제이를 인터뷰하는 것을 시청했다. 리키 제이는 사람을 교묘하게 속이는 재주가 뛰어나다. 얼굴을 보면 그가 누구인지 알 것이다. 대부분 단역이지만 영화에도 여러 편 출연했다. 하지만 그가 가장 잘하는 일은 눈속임이다. 그는 카드 한 벌로 사람들의 혼을 쏙 빼놓는다. 그가 52장의 조수들과 함께 온갖 카드 묘기를 선보이는 공연장은 늘 만원이다. 그는 몰리 세이퍼와의 인터뷰에서 자신은 버나드 매도프 사기극이 일어날 것을 미리 알았다고 말했다. 그는 서류철에서 종이 한 장을 꺼내 매도프가 붙잡히기 몇 달 전에 자신이 수사 기관에 보낸 서류라고 설명했다. 그는 수사 기관에 세 가지를 조사하라고 신고했다. 투자사들이 원금 회수를 망설일 정도로 배당을 많이 할 뿐 아니라 평균을 훨씬 웃도는 투자수익률. 투자 그룹의 종교나 인종, 지연에 지나치게 의존하는 사람. 마지막으로 투자를 어렵게 만드는 사람. 마치 돈에 관심이 없다는 듯이 행동하고, 투자자를 찾기보다 투자자들이 찾아오게끔 하는 사람.

매도프 사기극이 터지기 오래전에, 손재주 좋은 그 남자는 모든 것을 예상하고 있었다. 어떻게 그럴 수 있었을까. 그는 속임수의 대가였으니까. 그는 그 비법을 알고 있었다. 하지만 놀랍게도 몰리 세이퍼가 걸려들고 말았다. 그는 리키 제이를 천재라고 여겼다. 그러자 리키 제이는 그것 또한 거짓말이라고 밝혔다. 인터뷰 전날 그 서류를 꾸며서 방송국에 가지고 온 것이다. 리키 제이는 버나드 매도프의 범죄를 전혀 예상하지 못했다. 사기꾼은 거꾸로 뒤집어 놓아도 사기꾼이었다. 적어도 리키 제이는 마지막에 가서 자신이 상대를 속였다는 사실을 솔직하게 말했다.

나는 리키 제이를 존경하는데 속임수에 뛰어나서는 아니다. 그는 거짓을 시인하고 속임수를 공개하고 사람들과 소통하고 싶어 한다. 그래서 그를 존경한다. 사기꾼이 세상에서 가장 외로운 사람이란 것은 사실이다. 두 번째로 외로운 사람은 사기에 걸려드는 사람이다. 서로에게 정직하지 않으면 소통할 수 없다. 친밀해질 수 없다. 오직 신만이 사람의 마음을 간파하실 수 있지만, 그런 신조차 잠잠히 앉아서 그들이 나쁜 짓을 그만둘 때까지 기다리신다.

한두 해 전에 읽은 기사에 따르면, 사람은 5년 안에 자신이 자주 만나는 사람들과 한통속이 된다. 기사는 심지어 인간관계가 운동이나 식습관, 미디어 소비보다 우리의 미래를 더 잘 예측한다고 말했다. 잘 생각해 보면 합리적인 설명이다. 우리는 피부에 둘러싸인 독립적인 존재이기도 하지만, 우리가 다른 사람과 교환하는 생각과 경험은 덩굴처럼 우리 안으로 들어와 버릇과 언어와 인생관으로 드러나기도 한다. 비관적인 사람을 낙천적으로 만들기 위해서는 맨 먼저 낙천적인 사람들과 어울리게 해야 한다.

나는 그 기사를 읽은 뒤 사람 만나는 일에 까다로워졌다. 겸손하고 열망이 있는 사람들, 인간관계가 건강한 사람들, 새롭고 발전된 현실을 만들기 위해 힘쓰는 사람들과 어울리고 싶었다.

일전에 허기도 달래고 하던 일도 마칠 겸 식당에 들어갔다가 오래 친구인 사드 쿠크렌을 만났다. 사드는 말하자면 록 스타나. 벳시와 내가 좋아하는 리그스leagues라는 밴드의 가수다. 나는 사드에게 다가가서 인사하고 안부를 물었다. 그는 솔직했다. 잘 지내지 못한다고 말했다. "왜?" 내가 물었다. 사드는 의자에 앉으라고 손짓을 했다.

사드는 한숨을 쉬더니 다시 웃으며 말했다. "돈, 외롭다."
"외롭다고?" 내가 물었다.
"그래, 외롭다." 사드는 내 말을 따라서 말했다.

조금 이상했다. 사드는 그동안 만난 애인이 한두 명이 아니었고 식당에 있는 아무 여자한테 데이트를 신청해도 다 먹힐 남자였다. 그런데 사드는 공허하다고 말했다. 보살펴 주고 싶은 누군가와 정착하고 싶다고 말했다. 하지만 그게 잘 안됐다. 관계는 대부분 추락해서 박살이 나고 잿더미로 변해서 그에게 실연의 상처만 남겼다. "음악에는 좋은데 내 영혼에는 독이야." 그가 말했다.

나는 그가 어떤 처지에 있는지 알았다. 딱 2년 전의 내 모습을 보는 것 같았다. "사드, 뭐 하나 물어봐도 돼?"
"물론. 책에 쓰지만 않으면."
"이름을 랄프로 바꿀게." 내가 약속했다.

"그래, 물어봐." 사드가 승낙했다.

"랄프, 너 드라마 좋아하지?"

내가 묻자마자 그는 웃기 시작했다. "그게 티가 나?" 나는 눈에 보이지는 않아도 인간관계가 대부분 박살이 나서 잿더미가 된 사람은 드라마에 빠지는 경향이 있다고 말했다.

그러고는 내 친구 존 카튼 리치몬드가 했던 말을 전해 줬다. 존은 우리가 건강한 사람들에게 마음을 주면 문제의 90퍼센트는 예방할 수 있다고 말했다.

랄프는 호기심 가득한 눈빛으로 나를 쳐다봤다. "건강한 사람이 어떤 사람이야?" 나는 여전히 알아 가고 있는 중이지만 드라마틱한 것을 좋아하는 건강한 사람은 많이 만나지 못했다고 대답했다.

건강한 사람이라도 건강하지 못한 사람과 어울리면 여전히 해로운 관계로 끝난다. 이게 현실이다.

지금까지 말하지 못한 사실이 있다. 벳시는 나를 처음 만났을 때 나한테 관심이 없었다. 내가 건강하지 못한 남자란 것을 느꼈기 때문이다. 사실이다. 우리는 연애를 시작하기 전에 5년 가까이 알고 지내던 사이였다. 나는 벳시를 보자

마자 좋아했다. 나는 가끔씩 이메일을 보냈고 워싱턴 디시에 갈 일이 있으면 벳시를 만나서 커피도 마셨다. 벳시는 나를 다정하게 대했지만 나한테 관심이 있다고 느낄 만한 여지를 주지 않았다. 벳시는 나한테 관심이 없었다.

벳시는 내가 변하기 시작하고 나서야 나를 친구 이상으로 느끼기 시작했다. 어느 날 우리는 저녁을 먹으면서 서로 안부를 물었다. 나는 벳시에게 온사이트에서 지낸 일, 내가 하고 있는 일, 당분간 연애를 하지 않겠다는 것 따위를 이야기했다. 건강한 관계란 무엇인지 알아 가고 있다는 말도 했다. 여자들의 관심을 끌 만한 화제는 아니었는데도 벳시는 흥미를 보였다. 관심을 끌려는 남자들에게 둘러싸여 지낸 탓에 진실을 말하는 남자에게 흥미를 느낀 것 같다.

다시 연애를 해야겠다고 생각했을 때 벳시에게 데이트를 신청했다. 벳시는 승낙했다. 우리는 한동안 장거리 연애를 이어 갔다. 내가 주말에 비행기를 타고 워싱턴 디시로 놀러 가면 한 달 뒤에 벳시가 포틀랜드로 놀러 왔다. 하지만 시간이 흐르자 나는 옛날 버릇을 반복했다.

그 시절 나는 관계가 무르익기도 전에 결혼 이야기를 꺼내서 여자들의 마음을 조종했다. 내가 느끼는 불안을 없애기 위해 여자를 묶어 두려 그랬던 건데, 그러고 나면 상대에 대한 흥미가 사라졌다.

하지만 벳시는 미끼를 물지도 않았고 무서워하지도 않았다. 벳시는 벌써 결혼에 대해 이야기하는 것은 건강하지 못한 것 같다고 말했다. 나는 나를 방어하고 극적인 상황을 연출하고 싶었지만 벳시가 옳다는 것을 알았다. 이윽고 나는 건강한 관계라는 것을 배워 가기 시작했고, 다른 사람과 사랑을 주고받는다는 것은 느리고 자연스러운 과정임을 신뢰하게 되었다.

벳시와의 연애가 과거 나의 건강치 못한 연애처럼 짜릿짜릿했다면 거짓말이다. 하지만 나는 격정을 느끼고 싶은 취향을 잃었다. 할리우드식 격정의 이면에는 실망과 외로움이 있다. 그리고 사랑의 본질에 대한 분노와 냉소도 자주 엿보인다.

벳시와 나는 대중가요보다는 교향곡에 가까운 음악을 만들고 있었다.

오해하지는 마시라. 사랑은 놀라운 것이고, 우리는 농부가 오랜 시간 쌀농사를 지어 추수하듯 상대를 알아 갔다. 진짜 친밀한 관계란 이런 것이다. 땅을 잘 일구고 곡식을 가꾸는 것과 같다. 그리고 우리에게 좋은 것들이 대부분 그렇듯, 사랑도 후천적인 취향이다.

8장

지배광

사람은 같이 어울리는 사람을 닮아 간다는 사실을 알고서, 나는 좋은 사람들과 어울리기로 마음먹었다. 데이비드 프라이스는 같은 도시에 사는 친구였다. 그는 멋진 여성의 남편이었고, 대기업의 데이터를 분석하는 회사를 운영했다. 데이터를 분석하기 전에는 콜로라도에 사는 작가 존 엘드리지 밑에서 일했다. 엘드리지는 사나이들의 이정표가 될 만한 책을 쓰는 작가인데 나도 그의 책을 좋아한다. 데이비드가 존과 함께 일한 지 이 있어서 그런 건지, 그서 생삭이 남달라서 그런 건지는 모르지만 나는 데이비드가 잡담을 전혀 하지 않아서 좋았다. 데이비드는 인생을 마음의 여행이라 여겼고 내 마음이 여행을 잘 하고 있는지 알고 싶어 했다. 솔직히 말하면 때로는 그와 이야기하는 게 피곤했다. 하지만 그건 내가 나를 감추기에 급급했기 때문이었다. 나는 내 마음보다 미식축구나 날씨에 대해 이야기하고 싶었다. 결국 나는 백기를 들었고 그에게 마음을 열기 시작했다.

우리가 절친한 사이가 된 건 아니다. 그러나 그는 나에게 최고의 친구였다. 내게 최고의 친구라는 건 최고의 대화 상대였다는 뜻이다. 그와 함께 맥주를 마시거나 점심을 먹고 헤어지는 날이면 나는 정신이 더욱 또렷해졌다. 그는 내가 대화를 주도하고 화제를 바꾸는 것을 결코 허락하지 않았다. 그는 내가 웃기만 하고 도망쳤던 질문을 다시 반복했다.

데이비드는 마침 쌍둥이 아빠가 된 터라 집 밖에서 일할 수 있는 사무실을 구하고 있었다. 나는 데이비드와 시간을 더 많이 보내야 제대로 살 수 있을 것 같아, 그가 사는 곳 맞은편에 사무실을 임대했다. 그가 쓸 책상도 하나 더 마련해서 그냥 쓰라고 말했다. 나는 변하고 싶었고, 그러기 위해서는 내가 본받고 싶은 사람들과 시간을 더 많이 보내야 했다. 나는 조금 더 적극적으로 행동하기로 했다.

인생에는 가지치기를 할 시기가 있고 거름을 줄 시기가 있다. 내 인생을 돌아보면 가지치기를 한 직후부터 쑥쑥 성장했다는 것을 알 수 있다. 데이비드는 진실하고 다정하게 나를 다듬어 줬다. 그가 의식적으로 그런 건 아니지만, 그는 거울 같은 사람이어서 늘 내 모습을 있는 그대로 보여줬다. 그가 아니었다면 나는 누구와도 건강한 관계를 맺지 못했을 것이다.

연애를 진지하게 하는 법을 배우기 전까지 나는 내 가치를 증명하기 위해 여자를 이용했다. 나는 이 여자 저 여자를 만나면서 너무 많은 감정을 너무 빨리 느꼈고, 결국 아무것도 느끼지 못하는 지경에 이르렀다. 데이비드는 내 행동 패턴을 이내 간파했다.

아침에 사무실에서 만나면 일을 시작하기 전에 나는 쌍둥이가 한밤중에 잠에서 깨는 바람에 아내가 젖을 먹였다는 그의 이야기를 듣고, 그는 내가 최근에 만난 여자에 대해 듣는다. 그리고 곧 그는 거침없이 직언을 했다.

우리는 인도 식당에서 점심을 먹고 있었다. 나는 미시간에서 만난 여자에 대해 이야기했다. 그런데 그는 평소처럼 그 여자에 대해 묻는 대신, 내가 여자들을 조종하는 것에서 정체성을 찾는 것은 아니냐고 질문을 던졌다. 내가 연애를 너무 성급하게 하는 게 이상하다는 것이었다.

나는 당황해서 방어적으로 굴었다. "나는 여자들을 조종하지 않아. 이번에는 정말 좋아하는지도 모른다고."

"어쩌면 그 말이 맞겠지. 하지만 1년에 여러 여자들에게 격정을 느끼는 남자는 드물어, 돈. 지난달에도 어떤 여자에 대해 똑같이 말했잖아. 내가 보기에 돈은 상처의 아픔을 느끼고 싶지 않아서 여자들을 이용하는 것 같아. 낭만적인 환상에 중독돼서 선택과 헌신을 요구하는 실제 사랑을 제대로 보지 못하고 있어."

상처의 아픔을 느끼고 싶지 않아서? 데이비드는 무례한 게 아니라 직설적이었다. 하지만 어쨌든 자존심이 상했다. 내 자존심을 가장 상하게 한 건, 내가 여자들을 줄줄이 낚는데도 그가 나를 강하게도 사내답게도 여기지 않는다는 것이었다. 그는 나를 나약한 남자로 봤다. 불쌍한 남자로 봤다.

제대로 봤다.

나는 여자를 만날 때마다 다른 여자와 사랑에 빠지는 상상을 했다. 한 여자로는 도저히 만족할 수 없었다. 모든 여자를 원했다. 물론 성적인 상상도 했지만 대부분은 여자의 마음을 사로잡고 집을 사 주고 아이를 기르는 낭만적인 공상이었다.

나는 여자를 만나면 반해 버리고 그녀의 영웅이 되는 공상에 잠기기 시작한다. 대단히 부끄러운 말이지만 내 머릿속에는 언제나 가상의 드라마를 촬영중인 카메라가 있었고, 거기서 나는 유쾌하고 명랑한 주인공 역할을 맡았다. 상대 배우는 늘 바뀌었다. 커피 가게에서 마주친 여자가 등장하기도 했고 저자 사인회에서 만난 여자가 등장하기도 했지만, 처량하게도 실제로는 나와 별 상관없는 이들이었다. 그들은 내 상상 속에만 등장하는 단역이었다. 그때는 내가 뭘 하는지도 몰랐고 양심의 가책도 느끼지 못했다. 지금은 다시 생각하기도 싫다. 내 아들이 나처럼 산다면, 생각만 해도 끔찍하다.

아침마다 데이비드와 나눈 대화 덕분에 나는 내가 반했던 여자들의 공통점을 발견했다. 그들은 고등학생 시절에 나한테 관심이 없었던 여자들이었다. 나는 그 시절로 돌아가 성장기에 겪은 실연의 이야기를 다시 쓰면서 망친 과거사를 바로잡고 있었다. 나는 가냘프게 자랐기 때문에, 나이가 들어 빈한 여자들은 대부분 좋은 집안 출신이었다. 나는 운동을 잘하지도 못했고 잘난 데도 없었기 때문에, 내가 반한 여자들은 보통 학창 시절에 인기를 끌었거나 치어리더였던 여자들이었다. 데이트를 하기 전에 그런 사실을 미리 안 것은 아니지만, 무의식적으로 감지하고 그들이 특효약이라도 되는 것처럼 쫓아다녔다. 형편없는 자아가 스스로를 입증하기 위해 특정 부류의 사람들을 이용하는 셈이었다.

나는 건강해질수록 우리가 기만적인 욕망을 사랑으로 흔히 착각한다는 사실에 더욱 놀랄 수밖에 없었다.

물론 그래 봤자 얻는 건 아무것도 없었다. 볼품없는 자아가 교묘한 조종꾼이 되었을 뿐, 내 연애 생활은 영락없이 생선을 잡았다가 풀어 주는 낚시 방송처럼 보였다. 나는 사진을 찍을 동안만 여자를 들어 올려 폼을 잡을 뿐이었다.

어느 날 아침, 데이비드는 한동안 데이트를 하지 말라고 조언했다. 책상에 앉아 있던 나는 조용히 패닉 상태에 빠졌다. 그는 알아채지 못했을 것이다. 나는 마우스를 이리저리 움직였고, 벽에 걸린 게시판을 뚫어져라 쳐다보면서 데이비드와 부인과 쌍둥이 딸들이 우주 정거장 창문 너머에서 손을 흔들고 있는 장면을 상상했다. 그들은 독신이라는 둔하고 하얀 우주복을 입고 차가운 우주 공간에서 유영하는 미치광이 삼촌 돈을 열렬히 성원하고 있었다.

"여자를 만나지 않는 게 좋을지도 몰라. 격정적인 기질을 모두 해독하는 거지."

'해독? 이제는 나를 중독자 취급해?'

나는 스테이플러를 그에게 던지는 장면을 상상했다.

하지만 결국 데이비드의 충고에 따랐다. 나는 반년 동안 여자를 만나지 않기로 했다. 힘들지 않았다면 거짓말이다. 몇 주 뒤에 저자 사인회가 있었는데 거기서 상원의원 삼촌을 둔, 사교계의 명사가 되는 게 꿈이라는 귀여운 여자를 만났다. 그녀는 내 앞에 서서 고개를 기울이고 마약할 때 쓰는 크랙 파이프처럼 빛나는 입술로 우리가 공통점이 많다고 말했다. 나는 그녀와 악수한 손을 놓기가 힘들었다. 문 밖으로 사라지는 그녀의 뒷모습을 보면서, 데이비드 감옥에서 나가면 우리가 마법처럼 다시 만나길 빌었다.

그날 밤 호텔 방에서 나는 이름도 기억나지 않는 그녀와 사랑에 빠지는 공상에 잠겼다. 30분이 흐르는 동안 우리는 결혼하고 아이를 낳았고, 햇갈이 넘어지는 우리 집의 멋진 서재에 처삼촌과 함께 앉아서 스카치위스키를 홀짝였고, 그는 나에게 상원의원에 출마해 자신의 뒤를 이어 달라고 부탁했다. 황홀했다.

나는 데이비드가 몹시 미웠다. 그는 내 미래를 망쳤다.

하지만 나는 이 모든 것이 미련한 짓임을 느꼈다. 내가 성취한 사랑은 대부분 내 머릿속에서 일어났다. 위험도 스릴도 없었고 달콤한 자위에 그칠 뿐이었다.

영화에서 보는 인물의 변화 같은 것도 없었다. 변화는 우리가 현실의 난관에 정면으로 부딪칠 때만 가능하다. 공상은 아무것도 바꾸지 못한다. 그래서 공상에서 깨어나면 파국적인 이야기를 본 기분이 된다.

반년이 지난 뒤에도 나는 여자를 만나지 않았다. 거의 1년이 지나서야 다시 데이트를 시작했다. 어떤 면에서 해독은 효과가 있었다. 몇 달이 지나자 유혹에서 벗어날 힘이 생겼다. 하지만 벳시와 연애를 시작하기 전까지는 내가 하는 공상이 관계에 부정적인 영향을 미친다는 것을 전혀 몰랐다.

이런 사연이 있었다. 나는 벳시를 만나기 위해 워싱턴

디시로 이사를 갔다. 물론 머릿속에 완벽한 각본의 러브 스토리를 짜 놓은 상태였다. 벳시가 맡을 배역은 나를 영웅으로 여기는 아름답고 세련된 여자이고, 내가 맡을 배역은 사랑스럽고 근면한 실력자였다.

예전에는 여자가 내가 상상했던 배역에 맞지 않는다는 생각이 들면 이내 이 관계가 뭔가 꼬였다고 생각하기 시작하면서 다른 여자를 상상하는 덧없는 공상에 빠졌었다.

벳시는 내가 생각했던 여자가 아니었다. 벳시는 훌륭한 부모님 밑에서 자랐고 국회의원들 사이에서 일했지만 정치인과 결혼할 생각은 없었다. 정치인들은 몹시 바쁘고 가족과 함께 보내는 시간이 적다. 벳시는 무엇보다 건강한 가정을 원했다. 벳시는 성공을 위해 조력하는 전략적인 파트너십보다 추억과 평범한 가치를 나누는 걸 중시했다. 나는 그런 게 질색이었다. 우리가 아무개를 왜 만나는지 물으면 벳시는 오랫동안 아무개를 만나지 못했다고, 아무개는 언젠가 밤새 잔디밭에 앉아서 담배를 피우며 남자들 이야기를 했던 친구라고 했다.

내 사전에 그런 우정은 존재하지 않았다. 그런 우정이 무슨 소용이 있는지도 알 수 없었다. 무슨 일을 할 것인가? 누구를 이길 것인가? 게임의 규칙은 무엇이고, 어떻게 이길 것인가? 인생에서 중요한 물음은 이런 것이다. 그렇지 않은가?

"밤새 담배 피우면서 남자들 이야기를 하는 건 시간 낭비 같은데." 나는 다정하게 말했다.

벳시는 눈을 굴렸다.

"돈, 가끔씩은 아무것도 아닌 대화 속에서 진짜 우정이 싹트는 거야. 아무것도 아닌 얘기를 할 수 있다는 건 정말 같이 있고 싶다는 뜻이야. 멋진 일이지."

벳시 말이 맞을지도 모른다. 지금으로서는 아무 말도 하고 싶지 않다. 나는 밤새 잔디밭에 앉아서 아무것도 아닌 이야기를 하는 일 따위는 결코 하지 않는다. 벳시는 아이들이 생기면 그런 일을 하게 될 거라고 말했다. 아마도 그럴 것이다. 내 마음의 일부가 다른 누군가에게로 가면 참 재미있는 일이 생긴다. 나는 부모들이 하는 이상한 짓을 할 것이고, 그런 일이 더 이상 이상하게 보이지 않을 것이다.

언젠가 디스크DISC 검사를 받은 적이 있다. 이 검사는 개인의 업무 유형을 평가하고 여러 사람이 원활하게 협업하는 방법을 알려준다. 내 결과는 이랬다. "돈에게는 그의 목표와 무관한 이야기는 절대 하지 마세요." 즉 이런 뜻이었다. "돈은 괴물이다. 그와는 눈을 마주치지 마라."

그런데 벳시를 만나면서 새롭게 배우게 된 것들은 무척 아름다웠다. 벳시는 나를 새로운 곳으로 데리고 갔다. 나는 평생 일만 하느라 돈과 힘과 외로움밖에는 내세울 게 없는 중년들을 많이 알고 지냈기 때문에 벳시가 옳다는 것을 알았다. 관계는 중요하다. 운동과 영양분만큼 중요하다. 그런데 모든 관계가 목표 달성에 도움을 주지는 않는다. 신은 우리의 성공 가도를 위해 울고불고 똥을 싸는 자녀들을 주신 게 아니다. 신이 우리에게 자녀들을 주신 이유는 바벨탑에서 언어를 흩어놓으신 이유와 똑같다. 자아도취라는 탐욕스러운 우상에 힘을 너무 많이 쏟지 못하게 혼란을 일으키신 것이다.

그래서 이번에는 머물러 있기로 했다. 나는 다른 여자들에게서는 도망쳤지만 벳시에게서는 도망칠 수 없었다. 더 이상 일그러진 러브 스토리의 감독이 될 수 없는 현실을 직시해야 했다. 벳시가 결코 내가 쓴 대본을 그대로 읽는 여배우가 되지 않으리란 사실을 알아야 했다. 벳시는 자신의 욕구와 소원과 열정이 있었고, 나는 그런 벳시를 조종할 수 없었다.

목사인 내 친구는 조종하고 싶은 욕심이 죄의 뿌리라고 말한다. 진리를 얼며 엿볼 수 있는 말이다. 거기에다 나는 조종하고 싶은 욕심의 뿌리는 두려움이라고 덧붙이고 싶다. 내가 끝없는 망상에 빠져 살았던 것은 부분적으로 그 속에서는 내가 모든 것을 조종할 수 있었기 때문이다. 공상의 세계에는 위험 요소가 전혀 없었고, 위험은 내가 가장 두려워하던 것이었다. 결국 누군가를 사랑한다는 것은 상대에게 나를 해칠 힘을 허락한다는 뜻인데, 나 혼자 대본을 쓸 때는 아무도 나를 해칠 수 없다. 하지만 이건 쓸데없는 짓이다. 조종하는 사람들은 세상에서 가장 외로운 존재들이다.

겁을 주거나 괴롭혀서 다른 사람을 조종하는 사람들이 있다. 나도 물론 그렇게 해봤다. 하지만 나를 망상에 빠뜨린 것도 바로 그 성향이었다. 나한테는 다른 사람의 각본을 내가 쓰고 각본대로 모든 것을 조종하고 싶은 욕심이 있었다. 처량한 일이었다. 신조차도 사람들을 각본대로 조종하지 않으신다. 유일하게 그럴 수 있는 존재인데도 말이다.

이렇게 사람을 조종하고 싶어 하는 성향 탓에 벳시에게 파혼을 당하기 직전까지 갔다. 우리 사이가 짙은 먹구름으로 뒤덮인 시기였다.

자초지종은 이랬다. 벳시와 나는 워싱턴 디시에서 결혼을 약속했고, 벳시의 가족이 사는 뉴올리언스에서 결혼식을 한 뒤 내쉬빌에 신접살림을 차릴 계획을 세웠다. 집을 사는 게 좋겠다는 말이 오갔고, 내쉬빌은 벳시보다 내가 더 잘 아는 곳이었기 때문에 정착할 곳을 내 마음에 드는 동네로 몇 곳 추렸다. 나는 벳시의 의견을 묻지도 않고 부동산 중개인을 찾아가 내가 원하는 조건에 맞는 매물을 찾았다. 그러고는 선로를 깔기 시작했다. 벳시가 결코 되돌릴 수 없는, 그래서 움직일 수 없는, 우리의 미래로 향하는 길고 튼튼한 선로를. 나는 내가 원하는 집을 사고 벳시는 거기에서 살아야 했다.

벳시와 함께 직접 집을 보기 위해 내쉬빌에 갔을 때 내 계획은 물거품이 됐다. 내쉬빌에는 내가 얼씬하기도 싫은 동네들이 아주 많았다. 그런 곳에 가지 않기 위해 나는 핵폐기물과 환경청이 지정한 멸종 위기의 조류 서식지 보호 구역이라는 말만 지어내지 않았지 갖은 방법을 다 동원했다.

"저 집에서는 살인 사건이 두 건이나 있었어." 내가 말했다.

"새로 지은 건물이잖아. 저기서 누가 죽었다고 그래!" 벳시가 반박했다.

사실 나는 우리가 살 집을 벌써 정해 뒀다. 내 사무실에서 조금 떨어진 곳에 있는 상당히 큰 집이었다. 멋진 마당과 개를 기를 수 있는 널찍한 뒤뜰도 있었다. 차고는 두 개였는데 하나는 체력 단련실로 개조할 생각이었다. 큼지막한 사무 공간은 서재로 쓰고 거실에는 운동장에서 쓰는 커다란 텔레비전을 설치하면 좋을 것 같았다. 안방에서 멀찍한 곳에 손님방을 마련하면 벳시의 친구들과 마주칠 일도 없을 것 같았다. 게다가 신축 건물이어서 물이 새는 화장실을 고치기 위해 유튜브를 보면서 인생을 낭비할 일도 없었다. 모든 게 완벽했다.

 중개인은 내가 원했던 집을 가장 나중에 보여줄 요량으로 후진 집들을 먼저 보여줬다. 문제가 있는 집들을 먼저 보여주면 마지막에 공개될 집이 최고로 멋진 집이 될 것이었다. 나는 내 전략이 먹히리라 확신했다.

 나는 내가 점찍은 집을 둘러보면서 벳시가 좋아할 만한 자잘한 부분에 대해 계속 이야기했다. 손님들이 머물 방이 아주 많아. 마당이 넓어서 정원으로 만들어도 좋겠어. 오래된 나무들이 있어. 데크에서는 손을 잡고 저녁을 먹을 수 있어. 벳시는 실내를 조용히 둘러보면서 수납공간을 일일이 들여다봤다. 벳시는 집이 마음에 들지 않는지 시큰둥

한 표정이었다. 나는 걱정이 들었다. 나는 중개인에게 자리를 비켜 달라고 손짓했다. 그는 뒤뜰로 나가고 벳시와 나는 주방에 서 있었다.

"별로야." 벳시가 말했다.

"미쳤구나." 내가 대답했다.

"아니, 말짱해. 매물을 다시 봐야 할 거 같아. 여기는 아니야."

"여기가 맞아. 바로 이 집이라고. 벳시, 당신이 원하는 게 모두 있어. 부엌에 싱크대도 있고 다 있잖아."

"내가 원하는 게 뭔지 물어본 적도 없잖아." 벳시는 에두르지 않았다.

"도대체 원하는 게 뭔데 이 집이 아니라는 거야? 헬기 이착륙장을 원해? 미끄럼틀 있는 수영장? 뭐가 문제야?"

벳시는 내가 처음 보는 눈빛으로 나를 쳐다봤다. 벳시는 부엌 조리대에 손을 올린 채 조용히 서 있었다. 정확히 말하면 분노의 눈빛은 아니었다. 두려움과 슬픔이 뒤섞인 눈빛이었다. 덫에 걸린 동물이 사냥꾼이 어떻게 할 것인지, 우리에 갇혀 사느니 죽는 게 나을지 고민하는 눈빛이었다.

"이 집의 문제가 뭔지 말해 봐." 심문이나 다름없는 물음이었다. 나는 이미 공감 능력을 상실했다. 내 뜻대로 일이 풀리지 않았고, 내 계획을 도둑맞은 기분이었다.

"돈, 이 집의 문제가 뭔지는 나도 몰라. 확실하지 않아."
조리대 위에 있던 벳시의 손이 떨렸다. 벳시는 떨리는 손을 호주머니 속으로 감췄다.

"깡패처럼 말하지 마." 벳시가 힘없이 말했다.

"깡패라고." 나는 싸움의 발단이 벳시에게 있다는 식으로 고의적으로 그 단어를 내뱉었다.

결코 돌이킬 수 없는 말을 내뱉을 때가 있다. 말이 흉기가 될 수 있다는 건 사실이다. 말은 사람을 협박할 수 있다. 말은 산속에 놓은 덫과 같이 순식간에 철컥 하고 닫히며 피해자를 몇 주 동안 몸부림치게 만든다.

"계약금에 보탤 돈이 있거나, 대출금을 갚을 능력이 있다면 당신 의견도 조금은 존중해 줄게."

벳시의 눈동자에 이슬이 그렁그렁했다. 벳시는 뒤돌아서 문밖으로 나갔다.

용서를 받는 데는 오랜 시간이 걸렸다. 나는 다시는 그런 말을 하지 않았다. 그런 말은 공평하지도 않고 공정하지도 않았다. 내가 이 이야기를 밝히는 것은 고백하고 싶어서다.

나는 잘못했다. 더욱이 벳시는 워싱턴 디시의 큰 회사에서 중요한 직책을 맡고 있었다. 벳시는 직장에서 이제 막 인정받기 시작했지만 내가 필요한 것도 내 돈이 필요한 것도 아니었다. 벳시가 가장 두려워한 건 직장을 포기하고 나를 선택했는데 자유와 정체성마저 잃는 것이었다. 벳시는 가정을 위해 직장은 기꺼이 포기할 수 있었지만 정체성까지는 잃고 싶지 않았다. 벳시는 벳시 자신이 되고 싶었고, 자신의 옷과 자신의 물건과 자신의 집을 원했고, 그 모든 것을 나와 함께 가지는 동시에 혼자서도 가지고 싶었다.

사람들은 지배욕에 사로잡힌 괴물에게 그런 식으로 살면 건강한 사랑을 할 수 없다고 말해 주지 않는다. 하지만 사실이다. 누군가를 지배하면서 동시에 친밀하게 지낼 수는 없는 법이다. 그들은 당신이 무섭기 때문에 당신을 떠나지 못할지도 모르지만, 진짜 사랑은 두려움을 쫓아 버린다.

벳시와 나는 결혼식을 준비하기 위해 워싱턴 디시에서 뉴올리언스로 가기 전까지 서먹하게 지냈다. 여러 차례 대화가 오간 뒤에야 내가 무슨 짓을 했는지 알았다. 산속에서 덫에 걸린 벳시를 찾아 그 덫을 푸는 작업은 신중하게 해야 했다. 시간이 필요했다. 믿기지 않게도 벳시는 나를 벌하지 않았다. 벳시는 피해자처럼 행동하지 않았고 나에게 반성할 여지를 마련해 줬다.

지배욕을 버리는 과정은 슬펐다. 그것은 원고를 쓰는 것과 대본을 쓰는 것의 차이와 같다. 책을 쓸 때는 작가가 모든 단어를 통제하지만, 영화 대본을 쓸 때는 제작자와 촬영감독, 심지어 배우들과도 협력해야 한다. 시나리오에 손을 대는 사람은 모두 영화를 다르게 해석하고, 영화가 극장에 상영될 즈음 영화는 처음에 상상했던 것과 전혀 다르게 변해 있다. 그런데도 그게 여러모로 훨씬 낫다. 감독은 대본의 맹점을 매끄럽게 만들고, 배우들은 등장인물의 새로운 면모를 찾아내 현실감과 아름다움을 더한다.

우리 관계가 울퉁불퉁했던 건 협력해야 했기 때문이었다. 나는 결말이 어떻게 될지 전혀 모르는 채 이 일을 시작할 수 있을까. 벳시의 꿈과 내 꿈을 합치고 함께 정착하고 결혼생활이 내 뜻대로 되지 않더라도 내 꿈을 버릴 용의가 있는가.

벳시와 나는 마음에 드는 집을 발견했다. 차고는 체력단련실로 바꿀 만큼 크지 않았고 사무실 공간은 내가 원했던 것보다 더 작았지만, 손님방은 사생활을 방해받지 않을 만큼 안방에서 충분히 떨어져 있었다. 우리는 둘 다 손님을 많이 초대하고 싶었다. 집에는 큼지막한 텔레비전도 있었다. 벳시가 원한 것보다는 조금 컸지만 원하는 대로 다 할 수는 없는 법이다. 하지만 벳시는 뒤뜰을 좋아한다. 정원을 가꿀 공간이 충분하다. 벳시는 우리가 텃밭에서 기른 채소로 요리하는 법을 배우고 싶어 한다. 나는 도시 가까운 곳에서 철도 굄목을 파는 가게를 찾았고, 유튜브를 보면서 굄목을 짜서 텃밭 만드는 법을 배웠다. 게다가 믿기지 않겠지만 워싱턴 디시에 있는 벳시의 전 직장에서 외주를 맡긴 덕분에 벳시는 집에서 근무할 수 있게 됐다. 그래서 벳시는 자신의 회사를 차리고 옛 동료들과 함께 일한다.

 우리는 따로 또 같이 독립적으로 자유롭게 활동한다. 모순 같지만 효과가 있다. 내 친구 헨리 클라우드가 해준 말이 기억난다. 두 사람이 전적으로 분리되면 마침내 하나가 될 수 있다. 자부심은 스스로 느끼는 것이지 다른 사람이 대신 느껴 주는 게 아니다. 친밀감이란 우리가 독립적인 존재로 하나가 된다는 뜻이다.

등산이나 항해를 하는 것보다 한 여자를 사랑하는 게 어째서 더 두려운 걸까. 등산을 하다가 뼈가 부러질 수도 있고 항해를 하다가 물에 빠질 수도 있지만 마지막에는 여전히 산과 바다를 정복한 대장부로 남는다. 죽든지 살든지 나는 여전히 대장부다. 그런데 한 여자는 나를 대장부답지 못하게 만들고 말 한마디로 나를 소년으로 바꿔 놓는다. 어떻게 보면 사람들이 서로를 지배하려고 안달을 부리는 것도 당연하다. 관계란 때로 감정적으로 서로를 부둥켜안는 동시에 상대를 파괴하는 일처럼 보인다.

하지만 사랑은 지배하지 않는다. 그래서 사랑이란 결국 모험이다. 내가 정을 쏟는 상대가 나에게 상처를 주지 않기를 끝까지 빌어야 하며, 상처를 주더라도 상대를 기꺼이 용서하겠다고 마음먹어야 한다. 그들 또한 나를 용서할 것이므로.

진정한 러브 스토리에는 지배자가 없는 대신 참여자들이 있다. 사랑이란 변화무쌍하고 복잡하고 자신이 직접 선택하는 모험의 이야기로, 주는 것은 아주 많지만 보장하는 것은 아무것도 없다. 등산이나 항해를 하면 지배욕은 채울 수 있겠지만 말이다.

사람을 진짜 친밀하게 사귀는 게 무서운 건 그래서인지

도 모른다. 우리는 모두 친밀감을 원하지만, 그러려면 내 마음대로 하고 싶은 지배욕을 버려야 한다.

9장

우리를 조종하는 사람들

데이트를 하지 않는 동안 조종하는 사람들에 대한 책을 몇 권 읽었다. 가장 좋았던 책은 헨리 클라우드와 존 타운센드의 《나는 안전한 사람인가?》(토기장이 역간)와 해리엇 브라이커의 《누가 당신을 조종하는가? *Who's Pulling Your Strings?*》였다. 이 두 책은 같은 결론을 내린다. 조종하려 하거나 속이려는 사람과는 결코 건강한 관계를 맺을 수 없다는 것이다.

내가 이런 책을 읽은 것은 벳시를 만나면서 깨달은 게 있었기 때문이다. 건강한 사람이 건강하지 못한 사람을 사귀면 여전히 건강하지 못한 관계를 만든다. 미봉책을 버리고 어렵더라도 상처를 감수하며 사람을 사귀지 않는다면 고투하게 될 것이다.

나는 정말 노력했다. 아직 완전하지는 않지만 여자를 보는 안목이 달라질 만큼 건강해졌다. 진실하고 다정하고 헌신적이고 용서하는 여자를 만나고 싶었다.

나는 클라우드와 타운센드, 해리엇 브라이커를 읽으면서 모든 관계의 주적이 무엇인지 알았다. 거짓말이다. 특히 조종하는 사람의 거짓말.

관계에 서툴던 시절, 나는 한 번도 내가 교묘하다고 느끼지 못했다. 능구렁이는 자신이 능구렁이인 것을 모르는 법이다. 그저 효과적인 방법으로 먹이를 찾을 뿐. 건강해진다는 것은 오랫동안 능구렁이로 살던 내가 인간이 되는 것과 같다.

안전한 사람들에 관한 책을 읽던 시절에 이런 일이 있었다. 어떤 남자와 동업을 하기로 했는데 그의 과거가 수상해서 묻지 않을 수 없었다. 앞서 일했던 회사에서 돈을 횡령했다는 소문을 들어서였다. 그는 처음에는 솔직하게 자신의 잘못을 전부 인정했다. 또한 자신이 마음을 고쳐먹었다고 장담했다. 그는 자신이 새로운 존재가 됐다는 사실을 각인시키려는 듯 정직이란 말을 반복했다.

나는 애초에 왜 그런 일을 했느냐, 무슨 문제 때문에 사기극을 벌였느냐 물었지만 그는 이유를 분명하게 대답하지 않았다. 장광설을 늘어놓으면서 정직이란 말만 되풀이했다. 나는 의심스러웠다. 영혼은 신체와 큰 차이가 없어서, 문제가 생기면 진단할 수 있고 생활 방식을 바꾸고 의사의 도움을 받으면 치료할 수 있다. 내가 그를 잘못 판단했는지도 모르겠다. 하지만 내가 만났던, 정말 건강하게 변한 사람들에게는 이야기가 있었다. 밑바닥에 떨어진 뒤 잘못을 깨닫고 실수를 반복하지 않기 위해 행동을 뜯어고쳤다는 이야기가 있었다. 그는 자신이 변했다는 말만 거창하게 할 뿐 그런 이야기는 없었다. 인물은 그런 이야기 속에서만 변화할 수 있다. 나는 그와 동업하지 않기로 결정했다.

중독을 경험한 사람들은 위선적인 이야기를 들으면 금세 알아챌 수 있다. 위선을 비난하는 게 아니다. 위선은 정직으로 가는 길의 디딤돌이 되기도 하니까. 누가 알겠는가. 다만 나는 더 이상 위선을 건강한 것으로 여기지 않는다는 말이다. 위선은 연극에 불과하다.

앞에서 말한 대로 교묘한 조종이 있는 곳에는 극적인 효과가 많다. 지난주에 나는 뉴스 앵커가 대통령을 인터뷰하는 것을 보고 기가 막혔다. 앵커는 진실이나 뭔가를 밝히는 데는 관심이 없고 그저 극적인 효과를 만들기에 바빴다. 그는 계속 대통령을 함정으로 몰았고, 대통령은 확실한 대답이 아니면 하지 않았다. 결국 미국인들은 대통령이나 토론 주제나 어떤 것에 대해서도 배운 게 없었을 것이다. 우리는 30분 동안 두 사람의 입씨름만 구경했다.

남을 조종하는 건 짜릿하고, 사람을 통제하고 지배하는 데 도움이 될지 모른다. 그러나 관계에는 해롭다.

얼마 전 벳시와 대화를 나눈 뒤 내가 겸손하지 못하다는 것을 알았다. 벳시는 내가 하루 동안 있었던 일을 실제보다 부풀려서 말할 때가 많다고 지적했다. 나는 부업으로 기업 브랜드의 스토리를 발굴하는 회사를 경영한다. 그래서 새 고객이 된 큰 회사와 일한다며 이야기하지만⋯한 시간 뒤에는 전화로 우리가 하는 일을 소개했을 뿐이라고 실토한다. 하지만 어쩔 수가 없었다. 나는 내가 얼마나 신이 났는지, 그리고 얼마나 일을 잘하고 있는지 벳시가 알아주길 바랐다. 하지만 벳시는 내가 여러 번 그런 식이었기에 이젠 '진실의 전부'를 알기 전까지는 아무 감흥을 느끼지 못하겠다고 했다. 아뿔싸. 그 뒤로 회사 소식은 사실대로만 말했다. 벳시는 나한테 들었던 것보다 일이 더 잘됐다는 것을 알면 늘 기뻐했다. 벳시는 나를 더 신뢰하게 됐다.

헨리 클라우드와 존 타운센드의 《나는 안전한 사람인가?》를 읽고 나니 기만은 어떤 형태든 친밀한 관계를 파괴한다는 확신이 들었다. 친밀한 관계는 신뢰를 바탕으로 하기 때문에 모든 조종은 결국 신뢰를 깨뜨린다. 이제 조종은 적이 되었다. 벳시와 나는 주로 뉴스를 보면서 그 적을 찾아내곤 했다. 뉴스 방송은 확실하지 않은 사안에 대해 공포심을 조장하고, 진행자는 누구든 반대하는 사람에게 창피를 주고, 출연자를 장악하기 위해 협박을 서슴지 않았다. 그런 일은 너무 많았다.

우리는 놀이를 하듯 조종을 잡아냈다. 우리는 조종을 다섯 가지로 분류한 뒤, 서로 그런 행동을 하면 가볍게 지적했다. 조종을 하지 않기란 미칠 정도로 힘들다. 조종은 인간의 본능 같다. 우리는 이 다섯 가지 조종을 가지고 서로에 대해 진지한 대화를 나눴다. 우리는 우리 사이에 조종을 용납하지 않았다.

벳시와 내가 분류한 다섯 가지 조종은 다음과 같다. 우리는 둘 다 이런 잘못을 저질렀다. 이제는 서로 조심한다.

스코어키퍼

누군가 관계를 계산하기 시작하면 그 관계는 시든다. 스코어키퍼 Scorekeeper는 인생을 경쟁 구도로 만드는데 그를 이길 방법은 없다. 스코어키퍼는 점수판을 장악하고 늘 자기가 이기도록 경기의 룰을 정한다.

조종하는 사람들은 세상을 제로섬 게임으로 본다는 해리엇 브라이커의 말에 나는 동의한다. 곧 조종하는 사람은 상생의 길이 있다는 것을 믿지 않는다. 다른 사람이 이긴다는 건 내가 진다는 뜻인데, 그들은 지고 싶은 마음이 조금도 없다. 스코어키퍼는 아무리 작은 일이라도 자신이 베푼 호의를 잊지 않고 있다가 신세 진 사람을 조종하고 싶을 때 이용한다. 스코어키퍼는 신세를 갚을 필요가 없다는 말로 생색을 낸다. "내가 널 공항에 한 번 데려다줬잖아. 꼭 그래서 하는 말은 아닌데 내가 다음 주에 여행을 가거든…"

작가인 나는 "작가님 책을 잔뜩 사서 친구들한테 다 선물했어요. 그래서 말인데 제가 하는 독서 토론회에 와 주실 수 있을지…"라는 말을 자주 듣는다. 그들이 물물교환을 하자는 식으로 말하지 않았더라면 요청에 응했을지도 모른다. 하지만 스코어키퍼에게 굴복하면 누군가가 만들어 낸 룰에 따라야 하는 혼란에 빠진다. 진실하고 친밀한 사이는 점수를 계산하지 않는다.

심판자

몇 년 전 같이 저녁을 먹었던 친구가 생각난다. 나는 아직 그녀의 가족을 만난 적이 없었고, 우리는 서로 알아 가는 단계였다. 저녁을 먹은 지 30분이 지나지 않았는데 그녀가 이상한 말을 했다. "언젠가 우리 엄마를 만나게 되겠죠. 그냥 말해 두는 건데, 엄마 말은 대부분 맞아요. 당신이 엄마 말에 반대한다면 정말 싫을 거예요."

"어머님은 분명히 현명하고 훌륭한 분일 거예요. 하지만 우리 생각이 같을지 다를지 누가 알겠어요? 시간이 지나면 알게 되겠죠."

그러자 그녀는 울기 시작했다. 그녀는 눈물을 훔치며 말했다. "당신은 이해 못하겠지만 난 당신이 엄마에게 반대하지 않길 원해요."

나중에 그녀의 어머니를 만나 보니 그분은 사람들을 판단하면서 조종하는 사람이었다. 내 친구는 어릴 적부터 자신의 안전, 음식, 집, 심지어 그녀가 받은 사랑까지도 단 하나에 의해 결정된다는 것을 알았다. 곧 엄마는 언제나 옳다는 것이다. 그래서 그녀는 자신의 그 보호막을 위협하는 사람과는 누구와도 가깝게 지내지 못했다.

심판자는 옳고 그름을 가려야 한다고 굳게 믿는다. 그건 좋은 일이지만 그들은 무엇이 옳고 그른지 결정할 수 있는 권위와 힘이 자신에게 있다고 믿는다. 그리고 권위와 힘을 유지하기 위해 타인 위에 군림한다. 그런 사람들에게 옳고 그름은 도덕이 아니라 다른 사람을 이리저리 끌고 다닐 목줄일 뿐이다.

심판하는 사람이 기독교인이라면 성경을 지배 수단으로 삼는다. 그들에게 성경은 사람들에게 신을 소개하는 책이 아니라 자신이 옳다는 것을 증명하기 위한 법전이다.

건강한 사람들은 실수를 안 하려고 하지만 실수를 했을 때는 기꺼이 잘못을 인정한다. 심판자 행세하면서 남을 조종하는 사람들은 자신이 저지른 구체적인 잘못을 해명하는 데 애를 먹는다. 사실 그들은 자신이 잘못을 저질렀다는 것을 조금도 믿지 않는다. 잘못을 시인하면 지배권을 잃게 되기 때문에 조종하는 사람들은 순순히 물러나지 않는다.

그러나 현실은 이렇다. 당신은 당신이 지배하는 사람과 진실하고 친밀한 관계를 맺을 수 없다. 지배력은 겁을 줘야 얻을 수 있고, 친밀함은 위험을 감수해야 얻을 수 있다.

가짜 영웅

가짜 영웅False Hero은 실제로 줄 수 있는 것보다 더 많은 것을 줄 수 있다고 현혹한다. 이건 남을 조종할 때 나오는 내 주특기라 꽤 골치 아픈 문제다.

나는 결혼할 짝이라는 확신이 들기도 전에 데이트하던 여자들에게 결혼과 아이들에 관한 이야기를 했는데, 그런 여자들이 적어도 셋은 된다. 나는 정말 안심할 수 있는 단계가 되기 전에, 상대를 희생시키더라도 안심하고 싶어서 가짜 영웅 행세를 했다.

벳시와 진지하게 사귀면서 나는 이것이 내가 상대를 조

종하는 한 가지 방식이라고 설명했다. 물론 가짜 영웅에게도 장점은 있다. 나는 미래에 대해 이야기하는 것을 좋아한다. 꿈꾸고 건설하고 지평선 상의 구체적인 지점을 향해 나아가는 것을 좋아한다. 하지만 몽상가의 단점은 그 미래가 실현 가능한지 아닌지도 모르면서 사람들로 하여금 그것을 믿도록 유도한다는 것이다.

누가 거짓말 같은 장밋빛 미래에 대해 말한다면 그는 가짜 영웅일 공산이 크다. 과거로 돌아가 나와 같이 일했던 직원이나 데이트했던 여자들을 다시 만날 수 있다면, 그들에게 나를 멀리하라고 말할 것이다.

폭군

몇 년 전 여름, 우간다에 가서 새로운 헌법과 새로운 민주주의를 위해 일하고 있는 법조인들을 만난 적이 있다. 우간다는 가장 악랄하고 위험했던 폭군Fearmonger의 영향력에서 여전히 벗어나지 못하고 있었다. 이디 아민 다다는 우간다를 약 10년 동안 통치하면서 불법적인 방법으로 정적들을 처단했다. 아민 정권 시절에 살해된 우간다 인은 10만 명에서 50만 명으로 추산한다.

폭군은 저항하는 사람들을 지배하고 짓밟는다. 폭군이 외는 주문이 있다. 복종하지 않으면 지옥을 맛보게 해주마.

폭군은 자신을 강한 존재라고 믿게 만듦으로써 사람들을 조종한다. 절대 약한 모습을 보이지 않으며 나약하게 비칠까 봐 염려한다. 약점을 인정할 수 없으므로 친밀한 관계를 맺을 수도 없다.

요즘 가톨릭교회를 들쑤시고 있는 위기를 파헤친 다큐를 일전에 봤다. 전 세계에서 사제 수백 명이 소년들을 성추행했다는 의혹으로 기소되었고, 실제로 일부는 유죄 판결을 받았다. 심리학자들은 이런 성추행이 동성애와는 관련이 별로 없고, 지배욕 성향 때문에 생긴 일이라고 본다. 몇몇 심리학자들에 따르면 이런 문란한 사제들은 자신의 지배력을 공고히 하고 약자에게 군림함으로써 위안을 얻기 위해 그런 짓을 벌였다.

당신과 같이 있는 사람이 충성이나 의리를 지나치게 강조한다면 그는 폭군이다. 충성은 미덕이지만, 폭군이 말하는 충성은 완벽하고 무조건적인 복종이다. 폭군은 복종할 사람들만 곁에 둔다. 그들은 충복에게 힘과 안전을 약속한다. 충복은 안전을 위해 기꺼이 자유를 헌납한다. 폭군 하나를 찾으면 그 주변에서 겁에 질린 얼굴로 폭군의 뜻대로 움직이고 있는 충복들을 쉽게 찾을 수 있다.

어릴 저 다니던 작은 교회에 목사가 새로 부임한 적이 있다. 그는 괄괄한 음성으로 하나님의 진노와 지옥의 위험에 대해 설교하기 좋아하던 무서운 남자였다. 그의 첫 설교 제목은 "믿음직한 사람에게 일을 맡기고, 일을 맡겼으면 믿으라"였다. 다시 말해 자신의 권위에 함부로 도전하지 말라는 것이었다. 그는 부임 후 몇 년 동안 우리 교회를 무너뜨렸다. 장로들을 전부 몰아내고 교역자들도 싹 쓸어 냈다. 혼자서 목사와 싸우던 장로는 공개적인 비난을 견디지 못하고 스스로 목숨을 끊었다. 목사는 교회 로비에 십일조를 내는 교인과 내지 않는 교인의 명단을 게시하여 헌금하지 않는 교인들을 만천하에 공개했다. 부인은 본처가 아니었고 아이들은 의기소침했다. 결국 목사는 해임됐다. 그는 나중에 정부를 접수하겠다며 그리스도인들을 규합하는 단체를 세웠다. 그의 가정은 풍비박산이 났지만 아무도 그를 막지 못했다. 그는 요즈음에도 파괴와 혼란을 일삼고 있다.

누군가에게 반대하거나 그의 권위에 도전하기가 두렵다면 상대가 폭군일 공산이 크다.

플로퍼

유럽 축구에서 선수들이 옐로카드를 얻기 위해 과장된 몸짓으로 넘어지는 장면을 본 적 있는가. 또는 NBA 경기에서 신체 접촉이 거의 없었는데도 마치 자동차에 부딪힌 것처럼 마루에서 미끄러지는 선수를 본 적 있는가. 그는 '할리우드 액션'을 펼치는 플로퍼Flopper다.

플로퍼는 동정과 관심을 얻으려고 과장된 몸짓으로 피해자 행세를 하는 사람이다.

플로퍼는 기회만 생기면 피해자 역할을 자처한다. 이는 강력하고 파괴적인 기만극이다. 피해자 행세를 하려면 가해자가 필요하다. 플로퍼를 사귀면 당신은 가해자가 된다.

털썩flopping 주저앉는 소리는 대수롭지 않게 들리겠지만 실은 그렇지 않다. 플로퍼 때문에 손해를 보는 건 진짜 피해자들이다. 이 세상에는 날마다 이용당하는 사람들이 있다. 플로퍼는 주위 사람들을 조종하기 위해 마음의 상처를 받은 것처럼 꾸며서 진짜 피해자들에게 가야 할 자원을 강탈한다. 플로퍼는 속으로 이런 주문을 외운다. 나한테 상처를 주는 사람들은 나한테 빚지는 것과 같아. 나는 그 빚을 꼭 받아 낼 거야.

가짜 피해자는 그 자신이 수동적인 가해자다. 그들은 당신이 스스로 한 행동에 죄책감을 느끼게 만들어서 조종하려고 한다. 그들이 원하는 것은 화해가 아니라 통제다. 그리고 다시 말하지만, 그렇게 되면 진짜 상처를 받고 절망에 빠진 사람들에게 가야 할 관심이 잘못된 곳으로 가게 된다.

진짜 피해자는 빠져나갈 길이 없고 통제권도 없는 사람이다. 플로퍼는 빠져나갈 길이 많지만 남을 조종할 힘을 휘두르기 위해 빠져나가지 않는다. 상대의 고통에 대해 늘 책임감을 느끼지만 그게 왜 자신의 책임인지 알 수 없다면, 당신은 플로퍼를 사귀고 있을 공산이 크다.

내가 남을 조종하는 버릇을 금방 고쳤다면 거짓말이다. 실은 도움을 받았다. 망친 관계가 너무 많아서 결국 내 문제를 직면하지 않을 수 없었다.

온사이트에서만 도움을 받은 것은 아니다. 벳시와 데이비드 같은 친구의 도움도 받았다.

벳시와 데이비드는 정직하다. 두 사람에게는 거짓이 눈곱만큼도 없다. 무서울 정도다. 나는 두 사람이 사실을 사실대로 말하지 않고 과장하거나 상처받은 척하거나 협박

하거나 허세를 떠는 모습을 본 적이 없다.

그런데 내가 더욱 진실해질 수 있게 한 그들의 선물은 따로 있다. 그것은 너그러움이다. 그들은 나를 더 나은 사람이 되길 원하는 정말 좋은 사람으로 대해 주었고 내 잘못을 친절하게 가르쳐 줬다.

벳시가 나를 비난한다고 느낀 적은 손으로 꼽을 정도로 드물다. 벳시는 마법 같은 전략을 세우고 적당한 때를 보아 내 잘못을 지적했다. 게다가 벳시의 말에서 내가 더 강인하고 나은 사람이 될 바라는, 우리 사이가 더 좋아지길 바라는 마음을 늘 느낄 수 있었다. 정확히 설명할 수는 없지만 코치가 선수를 지도하는 것과 흡사하다. 선수는 결코 자신이 못났다는 느낌을 받지 않는다. 코치는 다만 선수가 보지 못하는 면을 볼 뿐이다. 코치는 선수를 더 강하게 만든다.

벳시와 데이비드가 베푼 은총 속에서 나는 마침내 변하기 시작했다.

내가 이 모든 말을 하는 것은 앞서 말한 다섯 가지 조종이 위험하기 짝이 없기 때문이다. 옛날의 나였다면 다섯 가지 조종술을 사격 연습장의 총알처럼 쏘아 댔을 것이다. 이 조종술을 막 써 대면서 그들의 잘못을 낱낱이 기록했을 것이다. 그리고 기만적인 사람이 됐을 것이다.

요즘 나는 남을 조종하려는 사람이 눈에 띄이도 그를 비난하고 싶은 마음이 전혀 들지 않는다. 그들이 나와 동업을 하고 싶어 한다면 거리를 두겠지만 여전히 그들에게 애정을 느낀다. 혹시 가까운 사이가 되어 그들이 나를 신뢰하고 그들도 더 나은 사람이 되고자 하는 것 같으면 나는 이따금 충고한다. 하지만 코치가 선수에게 말하듯 정중하고 친절하게 말하려고 한다. 인간이 된다는 건 힘든 일이다. 정말 어렵다. 남의 잘못을 가지고 거들먹거리는 심판자나 스코어키퍼가 필요한 사람은 아무도 없다.

《나는 안전한 사람인가?》에서 헨리 클라우드와 존 타운센드는 안전한 사람을 이렇게 정의한다. 진실을 너그럽게 말하는 사람. 마음에 든다. 남을 조종하는 나 같은 사람이 안전한 사람이 될 수 있는 유일한 희망은 안전한 사람들과 어울리는 것이다.

10장

주방에서
달아난
루시

지난달 벳시와 나는 마샬과 제이미를 만나러 로스앤젤레스에 갔다. 이 친구들은 얼마 전 쌍둥이를 낳았다. 쌍둥이는 조산아로 태어나 병원에서 한 달을 더 있어야 했다. 몸이 헬륨 풍선처럼 가벼워서 폐가 잘 성장하는지 간호사들이 주시했다. 마샬이 말했다. "쌍둥이들에겐 흔히 있는 일이래. 아직 미숙하지만 괜찮아질 거야." 나는 그날 감기 기운이 있어서 쌍둥이를 보지 못했다. 벳시는 큼지막한 세면대에서 손을 북북 씻고 고무 가운이나 다름없는 옷을 걸치고 나서야 쌍둥이를 안을 수 있었다. 벳시는 밖으로 나와서 쌍둥이가 햄스터처럼 조그맣고 불그레했고, 몹시 약했다고 말했다. 비명을 지르는 듯이 작은 입을 크게 벌렸지만 목소리는 가냘프고 조용했다고 했다.

마샬과 제이미는 지쳐 있었다. 둘은 텔레비전 드라마 배우인데 한 시즌을 쉬며 병원 근처에 살고 있었다. 우리는 가까운 타코 식당으로 걸어갔다. 병원에서 겨우 400미터 거리였지만 그들의 마음은 쌍둥이를 떠나지 못했다.

병원으로 돌아가 쌍둥이 곁에 누워 아이들의 숨소리를 들으며 꿈에 젖고 싶은 듯, 얼굴엔 근심이 어려 있었다.

우리는 타코를 먹었다. 부모는 기운을 차려야 하니까. 우리는 인생에는 단계가 있다는 이야기를 했다. 제이미는 추레한 모습을 미안해했고, 벳시에게 자신의 인생은 타코와 추리닝과 유축기와 불면의 밤이라는 단계에 와 있다고 농담을 했다. 사랑에 빠지고 꽃을 들고 사진을 찍고 해변을 거니는 것은 아름다웠는데, 지금은 병원 주차장에서 면회 시간을 기다리며 걱정스럽게 기도하고 잠을 청한다고 말했다.

제이미는 이런 이야기를 하면서도 웃었다. 이야기를 아름답게 만드는 건 희생이라고 말하는 것처럼. 힘겹지만 아름다운 이야기다.

우리는 부모가 되면 어떻게 해야 하는지, 인생에 대한 관점이 어떻게 변하는지와 같은 일상적인 이야기를 했다. 제이미는 내가 다른 부모에게 한 번도 들어 보지 못한 말을 했다. "돈, 나는 사람들이 우리 아이들에게 하는 말에 방어적이 돼. 우리 아이들에게 벌써부터 꼬리표를 붙이는 사람들이 얼마나 많은지 정말 놀라워."

내가 무슨 말인지 모르겠다고 하자 제이미는 더 자세히 설명했다.

"우리 아들을 들어 올려서 이렇게 말해. '아이고, 이게 누구신가, 꼬마 말썽꾼이 될 사람이네. 만나는 사람마다 괴롭힐 거지, 그렇지? 주변을 온통 난장판으로 만들 거야.'"

"무슨 말인지 알겠어." 나도 수많은 사람들이 수많은 아기들에게 그렇게 말하는 것을 들었다.

제이미는 그런 말을 들으면 화가 난다고 말했다. "누구도 우리 아이들한테 그런 꼬리표를 붙일 수 없어. 아직 퇴원도 못했고 크게 울지도 못하는 아기들이라고." 제이미는 누가 아기한테 그런 식으로 말하면 곧장 정중하게 아기를 돌려받은 뒤, 그가 나간 후 아기의 귀에 대고 저 사람 말은 듣지 말라고, 자라서 마음대로 되고 싶은 사람이 되라고, 하나님 말고는 어느 누구도 너희가 누구라고 말할 수 없다고 속삭였다.

마샬도 맞장구를 쳤다. 마샬은 쌍둥이를 낳기 전에는, 사랑하는 사람들을 물리적으로 지켜 주는 부양자이자 보호자로 스스로를 생각했다. 하지만 쌍둥이를 낳은 후에는 그것이 자기가 치러야 할 싸움의 10퍼센트에 불과하다는 것을 깨달았다. 그가 정말 지켜야 하는 것은 쌍둥이의 정체성이었다. 그는 세상에서 아이들을 보호하고 모든 거짓말과 싸우는 것을 최우선으로 삼았다고 말했다.

두 사람의 이야기를 하자니 내 애완견 루시에게서 얻은 교훈이 생각난다. 루시는 초콜릿색 겁쟁이 래브라도 레트리버.

사실 나는 루시를 데려오기 직전에 《말리와 나》(세종서적 역간)를 읽었다. 그 책에서 존 그로건의 아버지는 강아지를 고를 때는 갑자기 고함을 쳐서 어떤 강아지가 용감하고 어떤 강아지가 겁이 많은지 보라고 충고한다. 그는 아들에게 가장 용감한 강아지를 고르라고 말한다. 그런 강아지가 최고이고 우두머리이기 때문이다. 존은 아버지의 충고에 따라 말리를 얻었다. 귀여운 말리는 가구를 전부 물어뜯고 뒷마당 절반을 파헤쳤다. 존은 말리가 삼킨 아내의 보석을 찾기 위해 말리의 꽁무니를 쫓아다니며 똥을 뒤지기도 했다.

나는 그 책을 읽은 뒤 반대로 하기로 결심했다. 루시의 어미는 컬럼비아 강 협곡의 폭포 아래 있는 통나무집에서 살고 있었다. 나는 바닥에 앉아 어미의 귀를 쓰다듬었다. 강아지들이 와서 앞발로 내 다리를 만지고 신발 끈을 물어뜯었다. 그때 내가 갑자기 고함을 쳤다. 강아지들이 혼비백산이 되어 달아났는데 루시가 제일 빨리 꽁무니를 내뺐다. 루시는 뒤돌아서 나를 쳐다보며 오줌을 지렸다. "저 강아지로 할게요." 통나무집 주인 가족에게 말했다.

나는 한 번도 후회하지 않았다. 루시는 훈련이 필요 없다. 적당히 실망하는 눈빛을 보이면 내 생각을 알아채고 마치 사과하듯 내 발목을 툭툭 치며 킹킹거린다. 목줄을 사용한 일은 한 손에 꼽을 정도로 적다.

내가 이 이야기를 하는 것은 몇 년 전에 있었던 일 때문이다. 내가 일주일 동안 집을 비운 사이 친구가 루시와 함께 우리 집에 머물렀다. 그녀는 친구들을 불러 파티를 열었는데 그중 한 명이 루시한테 무슨 짓을 했던 것 같다.

며칠이 지나서야 알았다. 어느 날 저녁을 차리는데 루시가 보이지 않았다. 평소 같으면 주방 바닥에 엎드려 먹을 게 떨어지길 기다리는데 늘 있던 자리가 비어 있었다. 거실을 찾아봤지만 루시는 없었다. 식당을 뒤져 봐도 없었다. 결국 침실에서 루시를 발견했다. 루시는 베개 밑에 몸을 반쯤 숨기고 벌벌 떨고 있었다. 나는 루시 옆에 앉아서 무엇 때문에 루시가 무서워하는지 생각해 봤지만 분명한 이유가 없었다. 한 시간쯤 후에 루시는 진정했지만, 이튿날 내가 저녁을 차리자 다시 공포에 떨었다. 이윽고 나는 스토브 밑 서랍에서 팬을 꺼낼 때 루시가 침실로 달려가 몸을 숨긴다는 것을 알았다. 나는 저녁마다 침실로 찾아가 루시 옆에 앉아 귀를 쓰다듬으며 부드럽게 달랬다. 하지만 루시가 받은 충격을 되돌릴 수는 없었다.

무슨 일이 있었는지는 모르겠다. 아마도 내 친구의 친구가 루시를 주방에 들어오지 못하게 하려고 따끔하게 혼낸 것 같다. 아마도 파티에서 개를 다루는 법을 어디서 주워들었나 보다. 개가 당신의 말을 잘 듣도록 하려면 겁을 주라고 말이다.

나는 영 꺼림칙했다. 다른 사람이 내 개를 괴롭히고 가르쳤다는 게 싫었다. 루시가 저녁마다 아무것도 아닌 일로 공포에 떨어야 한다는 게 싫었다.

물론 루시는 애완견일 뿐이다. 하지만 나는 루시를 보면서, 누군가의 꿍꿍이수작 때문에 쓸데없는 두려움을 갖게 된 사람이 얼마나 많을지 생각했다.

개를 다루는 방법은 간단하다. 겁을 주면 달아나서 숨는다. 하지만 사람을 다루는 건 더 복잡하다. 남을 조종하는 자들은 사람들을 훈련하기 위해 그들의 정체성을 공격한다. 사람들의 정체성을 난도질하는 거짓말의 냄비와 팬을 시끄럽게 두드리면, 그 소리에 겁먹은 피해자들은 침실로 달려가 부들부들 몸을 떤다.

작가인 나는 이따금 이와 비슷한 대우를 받는다. 나는 믿음의 여정에 관한 책을 몇 권 썼는데, 종교에 관한 이야기를 한다는 것은 분명히 누군가의 주방으로 걸어 들어가는 위험한 일이다.

내 생각에 나는 보수적인 사람이지만 생각은 늘 열려 있다. 새로운 생각에 겁을 내는 성격이 아니다. 무서운 생각도 두렵지 않다. 나는 몇 년에 한 번씩 노기충천한 신학자의 맹비난을 받는다. 조금 어이없는 일이다. 그들이 정말 원하는 것은 나에게 꼬리표를 붙이는 게 아니라 나를 겁주려는 게 아닐까. 그들의 생각에 동의하지 않으면 나는 지옥으로 떨어진다. 그들의 말에 찬성하지 않으면 나는 끔찍한 사람이 된다. 정말 무서운 사람들이다. 나를 괴롭히던 어느 신학자는 분노와 관련된 문제로 실제로 신학교에서 해임됐다.

그런데 그들의 말을 믿는 사람들이 있다. 그들은 내 저자 사인회에 찾아와 내가 미국을 파괴하는 집단의 일원이라고 고발하는 전단지를 뿌린다. 그들은 웹사이트, 블로그, 페이스북으로 진영을 확대했다. 느닷없이 나는 한 번도 들어 본 적 없는 자유주의 신학자들과 한통속이 됐다. 그들은 우리가 모두 친구이며 동굴에 모여서 음모를 꾸민다고 믿었다.

그런데 더 어이없는 일은 나 스스로 정체성의 혼란을 겪는다는 것이었다. 나는 나쁜 사람일까. 내가 위험한 생각을 하고 있는 것일까. 세상에는 좋은 사람과 나쁜 사람, 두 부류밖에 없고, 나는 나쁜 사람들과 한패인 걸까.

나쁜 사람이 된 듯한 기분만 든 게 아니라 그들이 붙인 꼬리표 탓에 나는 사람들과 가까워지기가 힘들었다. 사람들을 만나면 그들의 눈빛이 나를 나쁜 사람으로 여기는 것 같았다. 그런 일이 한두 해 이어지자 사람들을 만나고 싶지 않았다. 나는 루시처럼 침실로 달아났다. 겁을 주는 전술은 제대로 먹혔다. 나는 사회 밖으로 내몰리고 있었다. 앞에서 말한 대로 우리는 자신이 좋은 사람이고 사랑받는다는 것을 믿지 못하면 고립된다.

내 친구는 유명한 케이블 방송 진행자에게 한 달 넘게 비난을 받았다. 그는 그리스도인들에게 사회 정의를 위해 일하자는 내용의 책을 썼는데, 토크쇼 진행자가 내 친구에게 사회주의자라는 딱지를 붙였다. 그는 내 친구를 가리켜 미국의 적이라고 비난했고, 수많은 사람들에게 겁을 주어 내 친구를 적그리스도로 생각하게 만들었다. 토크쇼 진행자는 적의 이름을 기록하는 칠판에 내 친구 이름을 적어 놓고 한 달 가까이 방송에서 내 친구에 대해 떠들었다.

친구는 한창 비난을 받을 때 우리 집에 와 토크쇼 진행자의 말이 대부분 거짓말이고 가족이 큰 피해를 입고 있다고 말했다. 오해와 분노에 휩싸인 시청자들이 살해 협박 편지를 보냈고 부인은 두려움에 떨었다. 하지만 그는 정도를 지켰다. 진행자를 상대로 관련 주제에 대해서만 성경을 인용해 대응하고 인신공격은 하지 않았다. 진행자는 내 친구를 계속 괴롭혔지만 그는 계속 반대편 뺨을 내줬고, 마침내 토크쇼 진행자는 비난을 멈췄다.

보수주의자들만이 사람들에게 꼬리표를 붙여서 극적인 상황을 선동하는 것은 아니다. 내가 워싱턴 디시에 살면서 벳시를 쫓아다니던 시절, 하루는 국회의사당 뒤뜰에서 열리는 바비큐 파티에 갔었다. 대부분이 벳시의 친구들이었다. 나는 우연히 나처럼 그곳에 아는 사람이 별로 없는 남자와 대화를 나눴다. 그는 민주당에서 정치 전략을 짜는 사람이었다. 그는 상원 의원과 주지사 후보자를 유권자들에게 알리고 상대 후보를 비방하는 광고를 만들었다. 보통 사람들은 그를 거만하고 매정한 사람으로 보겠지만 그렇지 않았다. 그는 사려 깊고 상냥했고 심지어 자신의 직업을 조금 딱하게 여겼다. 분명히 그는 자신이 좋은 일을 하고 있다고 믿었지만, 대화를 나눌수록 그가 자신이 이용하는 전술에 대해 가책을 받고 있다는 느낌이 들었다.

"나는 플로리다 남부에 사는 노인들에게 의료 혜택이 사라질 것이라고 잔뜩 겁을 주는 일을 하고 있어요."

"의료 혜택이 사라지는 게 사실인가요?"

"아니요." 그는 조금 후회하는 눈빛이었다.

"하지만 끔찍한 건 그게 아니에요. 끔찍한 건 우리가 서로에게 하는 일이죠. 선거 활동이 전국으로 확대되면 잔인

해져요. 양쪽에서요. 사람들은 거물급 후보들이 그런 일쯤은 대수롭지 않게 여길 거라고 생각하죠. 아니에요. 그럴 수 있는 사람은 없어요. 날마다 텔레비전에서 후보를 비방하는 거짓말이 들리죠. 인신공격을 받죠. 마트에서 마주치는 사람들은 멀찍이 피해요. 아이들을 바짝 끌어당기고요. 나는 거물급 정치인들이 눈물을 훌쩍이는 걸 봤어요. 내가 함께 일했던 후보들도 그랬고, 미안한 말이지만 상대 후보도 내가 그렇게 만들었죠."

우리는 두 시간 가까이 이야기했다. 젊었을 때는 하는 일이 재미있었다고 그가 말했다. 일종의 전쟁 놀이였다. 하지만 지금은 사람들이 다치는 게 보일 정도로 나이가 들었다.

그가 했던 말 중에 이 말이 가장 무서웠다. "돈, 미국에서 완벽하게 착한 사람을 악마로 만들기가 얼마나 쉬운지 알면 놀랄 거예요."

나는 여기에 이 말을 덧붙이고 싶다. 신은 사람들을 친해지게 만드는 사람들을 무척 좋아하시고, 그분의 적은 사람들을 편집증 환자로 만들어 분열시키는 사람들을 아주 좋아한다. 어떤 영역을 꼭 지켜야 한다며 사람들에게 겁을 주고 주방의 온갖 냄비와 팬을 시끄럽게 두드리는 것은 어둠의 손아귀에 놀아나는 것이다. 수치심을 기반한 종교적·정치적 전술은 사람들을 묶어 두는 것이지 사람들을 자유롭게 하는 것이 아니다. 나는 그런 건 딱 질색이다.

지난주에 커피숍에서 글을 쓰고 있는데 옛 친구가 들어왔다. 1년 가까이 연락은 없었지만 풍문이 돌던 친구였다. 그는 바람을 피워서 이혼 수속을 밟고 있었다. 설상가상으로 바람을 피운 상대가 유부녀였다. 그는 당연히 분노한 양쪽 배우자들과 변호사들 사이에서 궁지에 빠져 있었다.

그는 내 자리로 왔고 나는 그를 안아 줬다. 그는 자리에 앉더니 알고 있느냐고 물었다. 나는 소문을 들었다고 했다. 그는 대부분 사실이라고 했다. 그리고 후회한다고 말했다. 일이 어떻게 끝날지, 자기가 진심으로 뉘우친 건지, 더 이상 아무것도 모르겠다고 했다.

때로 우리 정체성은 남들의 거짓말과 위협으로 왜곡되기도 하지만, 우리가 실제로 벌인 일 때문에 왜곡되기도 한다. 하지만 결과는 같다. 고립, 그리고 피해망상.

그는 사연을 조금 설명하면서 마음을 배신할 때 일어나는 파괴에 대해 이야기했다. 영혼을 누군가에게 깊이 들여놓을수록 폭탄으로 돌변한 영혼은 극심한 피해를 일으킨다. 그는 친구들을 많이 잃었다. 그는 그들의 분노를 이해했다. 그는 피해자 행세를 하지 않았다. 당당하게도 처량하게도 보이지 않았지만 분명 혼란에 빠져 있었다. 깊이 뉘우치는 것 같았지만 어쩔 줄 모르는 표정이었다. 잘못을 저지르고 나서 이런 혼란의 시기를 겪어 보지 않은 사람이 누가 있을까.

나는 무슨 말을 해야 할지 몰랐지만 그의 영혼이 정체성의 전쟁을 치르고 있다는 것은 알았다. 그는 침실로 달아난 루시가 되든지 팬을 시끄럽게 두드리는 사람의 다리를 물어뜯는 투견이 되든지 해야 했다.

나는 내 친구와 비슷한 실수를 저지른 사람들을 싫어했다. 그들의 생활은 몹시 어두웠고 심지어 악질로 보여서 가까이하고 싶지 않았다. 알고 지내던 한 사람이 비슷한 실수를 해서 따돌림을 받을 때까지도 나는 그런 식으로 느꼈다. 그리고 우리가 그를 잊었을 즈음 그가 자살했다는 소식이 들렸다.

내가 뭔데 그를 판단했던 것일까. 밥은 관계를 파탄으로 만든 나를 격려하기 위해 전화를 걸었고 나를 비난하지 않았다. 나는 비난받을 짓을 많이 했다. 하지만 밥은 어두운 방을 비추는 한줄기 빛이 되어 줬다. 나는 그 빛을 향해 간

신히 기어갔다. 나는 내 친구에게 밥이 했던 말을 해줬다.

"내가 네 일을 다 아는 건 아니야. 사람들이 널 싫어하는 것도 알아. 하지만 너는 인간관계는 참 잘해."

내 친구는 무슨 말인지 모르겠다는 표정으로 나를 쳐다봤다. 그는 헛웃음을 짓고 한숨을 쉬더니 눈물을 흘렸다. "네가 관계에 서투르다는 건 사실이야. 하지만 네가 잘한다는 것도 사실이야. 둘 다 사실이야, 친구." 나는 그에게 그를 사랑하는 사람들과 그가 사랑하는 사람들을 떠올려 보라고 했다. 특정 순간이나 시기만 보고 사람을 판단하는 건 공평하지 못하다고 말했다. 우리는 모두 그것보다 복잡한 존재다.

분명히 내 친구는 자신이 한 행동에 책임을 져야 하고 그 결과는 자못 심각할 것이다. 그는 실제로 가지치기를 받고 있었다. 그는 수족이 잘렸다. 하지만 나는 그가 사람들이 흔히 그러는 것처럼 실패자로 살지 않기를 바란다.

나는 내 친구가 사지를 자르는 것 같은 가지치기를 받은 뒤에, 실수를 저지르기 전보다 자신과 사람들과 사랑의 본질을 더욱 이해하는 강하고 친절한 사람으로 거듭나길 바란다. 나는 그런 기적을 믿는다.

정확한 이유는 모르지만 건강한 자존감을 지닌 사람들은 친밀한 관계도 잘 맺는다. 거만한 사람들을 말하는 게 아니다. 여기서 말하는 사람들은 자신의 잘잘못에 대해 알고 있지만 기본적으로 자신이 사람들에게 정말로 이로운 존재라고 믿는다.

이런 사실에 눈뜨는 것, 신이 자신을 창조한 이유가 다른 사람에게 기쁨을 주기 위해서지 괴롭히기 위해서가 아니란 것을 깨닫는 순간은 아름답다.

벳시가 사람들에게 잘하는 것은 대부분 자신이 사람들에게 이로운 존재라고 진심으로 믿기 때문이다. 다시 말하지만 이건 거만한 게 아니다. 벳시를 아는 사람 중에 그렇게 생각하는 이는 없다. 하지만 벳시는 누군가와 가까운 사이가 되면 그를 더 좋은 사람으로 만들 수 있다는 것을 안다. 얼마든지 예를 들 수 있다. 나는 벳시에게 말조심하는 법을 배웠다. 나는 이제 기만적인 상황을 보면 눈을 굴린다. 또 벳시를 통해 인생이란 경쟁이 아니라 사람들과의 교류란 것을 알았다. 벳시는 아무것도 직접적으로 가르치지 않는다. 벳시는 사람들을 억지로 바꾸지 않는다. 벳시는 사람들이 오랫동안 같이 지내면 서로 닮는다는 것을 안다. 벳시는 자신이 주변 사람들을 얼마나 더 좋은 사람으로 만들었는지 모를 것이다.

벳시아 나눈 최고의 대하는 내가 벳시에게 나를 왜 좋아하는지 물었을 때였다. 나는 오랫동안 그게 궁금했지만 차마 물을 용기가 나지 않았다. 벳시가 내게 좋은 사람이라는 증거를 댈 수는 있었지만 내가 벳시에게 좋은 사람이라는 확신은 들지 않았다.

국회의사당 근처에서 함께 루시를 산책시키는 동안 나는 가까스로 질문을 꺼냈다. 벳시는 잠시 웃었다. "진심이야? 그걸 정말 몰라서 물어?"

"모르겠어."

결국 묻기를 잘했다. 벳시의 대답이 나를 변화시켰다. 나는 내가 그냥 좋은 사람이 아니라 끝내주게 좋은 사람이라는 믿음이 생겼다. 벳시는 일로 스트레스가 심할 때 내가 당황하는 법이 없어서 자신도 차분해질 수 있다고 말했다. 벳시는 내가 모험을 좋아해서 내가 없다면 인생의 재미가 반감될 것이라고 말했다. 벳시는 나와 데이트를 한 후로 내가 날마다 아름답다고 말해 줘서 자신의 아름다움을 의심한 적이 없다고 말했다. 벳시는 나 덕분에 자기가 더 좋은 사람이 됐다는 이유를 이야기하고 또 했다.

벳시와 이런 대화를 하고 나자 나는 사람들을 만나는 게 훨씬 더 즐거워졌다. 전에는 사람들과 억지로 커피를 마신 적도 있지만 지금은 우리 사이에 있었던 이야기를 조금씩 하는 것을 좋아하게 됐다. 내가 고립된 생활을 했던 것은 나도 모르게 내가 좋은 사람이란 것을 믿지 못해서였다.

이건 진실이다. 인간은 정체성이 무너지면 소통하지 못한다. 우리는 생각보다 서로에게 훨씬 더 좋은 사람인지도 모른다. 나는 우리가 완벽하지 않다는 걸 안다. 하지만 자신을 몹쓸 사람이라고 믿는 바람에 사랑할 수 있는데도 사랑하지 못하고 있는 사람이 얼마나 많을까.

영화 〈머니볼〉에서 본 장면이 떠오른다. 오클랜드 에이스의 구단주 빌리 빈은 정체성의 위기를 겪는다. 빌리 빈과 피터는 그들의 감이 아니라 선수 통계 자료에 따라 선수를 기용하는 방식으로 팀을 새로 짰다. 새로운 방식은 효과를 거뒀다. 에이스는 발동이 천천히 걸렸지만 결국 20연승이라는 눈부신 기록으로 디비전에서 우승했다. 빌리 빈은 구단주들의 구단 운영 방식을 완전히 바꿔 놓았다.

하지만 끝내 에이스는 월드 시리즈에서 패배했고 빌리는 자신을 실패자로 여겼다. 빌리는 1등이 되지 못하면 최고가 아니라고 믿으며 시무룩했다. 심지어 보스턴 레드삭

스가 그에게 2천만 달러짜리 계약서를 내밀며 구단주 자리를 제안했는데도 여전히 자신의 능력을 믿지 못했디 마침내 그의 친구 피터가 그를 영사실로 불러서 자리에 앉혔다.

"보여줄 게 있어, 빌리."

"보고 싶지 않아."

"보기나 해." 피터는 에이에이 다이아몬드백스의 체중 110킬로그램 내야수의 영상을 틀었다. 강타자였는데도 너무 느려서 2루까지 가는 것을 겁내는 선수였다.

영상에서 그 젊은 야구선수는 공을 잘 때려서 기분이 몹시 좋았던 나머지 2루까지 달릴 생각을 하고 있었다. 그런데 끔찍한 일이 일어났다. 1루를 지나는데 발이 걸려서 바닥에 고꾸라지고 만 것이다. 생각하기도 싫은 악몽이 현실에서 일어났다. 그는 시도했지만 실패했다.

피터는 영상을 멈추고 앞뒤로 돌리면서 빌리에게 1루에서 넘어지는 선수의 우스꽝스러운 모습을 보여줬다.

"저런, 불쌍한 친구. 사람들이 다 웃잖아."

하지만 피터는 영상을 다시 틀면서 빌리에게 계속 보라고 말했다. 아웃을 당하지 않으려고 1루를 향해 엉금엉금 기어가는 선수를 카메라가 크게 비추자 1루수가 허리를 숙여서 일어나 계속 뛰라고 말했다. 그는 무슨 말인지 몰라 고개를 들었다. 모자에 가려 눈앞이 보이지 않았다. 1루수가 소리쳤다. "홈런이야. 담장을 20미터나 넘겼어."

빌리는 아무 말도 하지 않았다. 그는 가만히 앉아서 피터의 컴퓨터에서 돌아가는 영상을 보며 생각에 잠겼다.

당신은 홈런을 친 것도 몰라. 그게 피터가 하고 싶었던 말이었다.

나는 가끔씩 거짓말에 속고 있거나 실수를 했거나 정체성을 공격받는 사람을 만나면 그 장면을 떠올린다.

그들은 모르고 있다. 그들이 여전히 살아갈 수 있고 사랑할 수 있고 사귈 수 있다는 것을. 그들은 자신의 본모습과 능력에 대해 모른다.

그들은 주변 사람들에게 큰 위로가 될 수 있다는 것을 모른다. 누군가가 그들의 정체성을 강탈하고 짓밟았다.

11장

몸을 사리면
손해를 본다

나는 벳시를 붙잡고 싶어서 포틀랜드에서의 20년 생활을 청산하고 워싱턴 디시로 건너갔다. 우리는 오랫동안 친구로 지냈고, 내가 벳시를 잡기로 결심하기 전 6개월 동안은 장거리 데이트를 했다.

포틀랜드를 떠나게 될 줄은 몰랐다. 나는 포틀랜드를 사랑했다. 다른 곳에서는 찾아보기 힘든 자유의 정신이 포틀랜드에는 있었다. 오스틴에도 약간 그런 기운이 있고, 볼더에도 있다. 내쉬빌은 그런 도시로 성장하는 중이다. 이것을 히피라고 말할 수는 없다. 보통 사람들은 모두 이 상표 아니면 저 상표의 옷을 사 입고 이 음악 아니면 저 음악을 듣고 똑같은 텔레비전 방송을 시청하는데, 보기 드물게 자유의 보루로 자처하는 이런 도시의 사람들은 텔레비전을 끄고 나서 인생이 양자택일이 아니란 사실을 깨달았다. 우리는 보수와 진보, 종교와 무신론, 이것과 저것 중에 하나를 선택할 필요가 없다. 우리는 조금씩 다른 신념과 견해를 가진 개인들의 집단이 될 수 있다.

결국 포틀랜드를 떠나기가 몹시 서운했다는 말이다. 물건을 창고에 넣고 폭스바겐 캠퍼밴을 사서 동쪽으로 떠난 날, 포틀랜드에는 보기 드문 눈보라가 쳤다. 나는 조수석에 모포를 깔아 루시의 잠자리를 만들고 할머니가 준 퀼트 이불로 루시의 몸을 감쌌다. 우리는 《찰리와 함께한 여행 *Travels with Charley*》의 존 스타인벡과 찰리처럼 여행을 떠났다. 계획은 워싱턴 디시에서 1년을 체류한 뒤 벳시와 결혼해서 내쉬빌에 재정착하는 것이었다.

최종 목적지는 내쉬빌이어야 했다. 회사가 성장하고 있는데다 직원들도 모두 내쉬빌에 살고 있었기 때문이다.

그래서 결혼을 하든 못하든 나는 내쉬빌로 가야 했다.

솔직히 내쉬빌에 간다는 희망이 없었다면 워싱턴 디시에서 버티지 못했을 것이다.

처음에는 아무것도 의식하지 못했다. 워싱턴 디시는 분명 아름다운 도시였다. 루시와 내가 워싱턴 디시에 도착한 날 밤을 결코 잊지 못할 것이다. 컨스티튜션 애비뉴에서 본 국회의사당의 둥근 지붕은 웨딩 케이크처럼 빛나고 있었다. 조수석 창문 너머로 지나가는 박물관들은 그리스 신전처럼 보였고, 그 웅장함은 루시조차 넋을 잃고 쳐다볼 정도였다. 대리석은 조명 각도만 맞으면 빛이 안쪽에서 나오는 것 같지 않은가. 솔직히 고백한다. 몇 주 동안 수많은 소도시를 거치고 수많은 공원에서 밤을 보낸 끝에 미국의 기적이 시작된 곳에 도착하니 가슴이 뜨거웠다.

벳시를 만난 기쁨은 말할 것도 없었다. 벳시의 목소리를 듣는 것도 좋았고 벳시의 머리 향기도 좋았다. 한 사람 덕분에 이곳이 절반쯤은 고향처럼 느껴졌다. 나를 남자친구로 인정한다는, 벳시의 룸메이트들도 만났다. 처음 만나는 자리에서 그들은 나에 대해 궁금했던 점들을 부드럽고 편하게 물었다. 그럼요, 직업은 있습니다. 아니요, 벳시 말고 만나는 여자는 없습니다. 예, 위스키를 마실 줄 알고 예수님을 사랑합니다. 무슨 말씀이세요, 봉고차에서 마리화나를 파다니요.

그날 저녁 우리는 밴을 타고 시내를 달려 열 블록을 지나 벳시가 미리 구해 놓은 아파트로 갔다. 세 동짜리 갈색 벽돌 아파트였다. 거실의 벽돌 벽 쪽에는 주방을 설치하고 골방은 세탁실로 바꾸고 침대는 벽에 붙여 놓았다. 실내가 우중충했지만 아파트 값은 옛날 살던 집의 두 배에 육박했다. 국회의사당에서 두 블록밖에 떨어져 있지 않은 이 동네는 워싱턴 디시를 방문한 상원 의원들이 며칠 동안 머물 경우 숙소로 지내는 곳이었다. 모퉁이마다 보이는 검은 SUV들은 언제나 시동이 걸려 있었고, 짙은 창문 안쪽에는 양복을 입은 사람들이 바깥을 주시하고 있었다. 가로등에는 카메라가 달려 있었다.

우리는 내 옷과 이불과 책 상자 들을 아파트로 옮겼고, 벳시와 나는 워싱턴 디시에서 연애를 시작했다. 더할 나위 없이 행복한 나날이었다. 매일 아침 벳시는 출근 전에 전화를 걸었고, 통화가 끝나면 나는 샤워를 하고 집중해서 글을 쓴 뒤 루시를 데리고 에버니저 커피 가게로 갔다. 나는 커피를 마셨고, 루시는 증권거래위원회 맞은편 잔디밭에 똥을 쌌다. SUV에 탄 남자들이 나를 체포할 것 같아서 개똥을 치운다는 것을 큰 동작으로 보여줬다.

 오후에는 다시 글쓰기에 집중했다가 루시를 데리고 포토맥 강으로 산책을 다녔다. 선창에서 강으로 테니스공을 던지면 루시는 공을 잡으러 헤엄을 쳤다. 벳시는 일을 마치면 찾아왔다. 우리는 캠핑 의자에 앉아 강을 바라보며 자주 시간을 보냈다.

하지만 한 달이 지나자 내가 의식하지 못했던 것이 무엇인지 알게 되었다. 정확히는 벳시 때문이 아니었다. 도시 자체의 문제였다. 그 문제는 벳시와 나 사이에 영향을 줬다. 이유를 알 수 없었지만 워싱턴 디시 사람들은 속을 알기가 힘들었다. 내가 던진 농담에 웃을지 말지 서로 눈치를 살피는 사람들의 모습을 보면서 그 사실을 처음 발견했다. 한 사람은 킬킬 웃더니 내가 체면을 잃지 않게 배려하는 듯 화제를 돌렸다. 나는 체면을 잃어도 상관없었고 체면을 지킬 필요도 없었다. 나는 율법주의적인 기독교 환경에서 자란 어린 시절이 떠올랐다.

 사람들은 내 농담에만 그렇게 반응한 게 아니었다. 그들은 맛집에서만 밥을 먹고, 유행하는 노래만 듣고, 많은 사람이 지지할 만한 정치적 견해만 피력하는 것 같았다.

그리고 자기표현이 거의 없었다. 지하철에는 그림이 없고, 버스에는 시가 없었다. 동네에서 하츠 그림보다 위험한 그림은 눈을 씻고 찾아봐도 없었다. 모든 사람이 레이건 행정부에게 옷장을 몽땅 도둑맞은 것 같았다.

워싱턴 디시에 친구가 있었다. 몇 년 전 워싱턴 디시에서 작은 일을 했을 때 알게 된 친구였다. 점심을 먹으면서 워싱턴 디시에 있는 사람들이 적극적으로 자신을 표현하지 않는 이유를 물었다. 백악관에서 일했던 친구는 창밖을 보라는 듯 머리를 갸웃했다. 창밖을 보니 잔디밭 너머 높이 국회의사당의 동그란 지붕이 있었다.

"돈, 생각해 봐. 날마다 5만 명이 저 건물에서 빠져나와 동네를 활보하고 있어. 모두 자신을 절대 표현하지 못하게 하는 사람들 밑에서 일하고 있다고. 이 도시는 정해진 대로 해야 출세하는 곳이야. 시키는 대로 해야지, 안 그러면 쫓겨나."

갑자기 워싱턴 디시가 어떤 곳인지 깨달았다.

벳시와 나는 타협이 필요했다. 앞에서 이야기한 대로 벳시를 약 올리려면 벳시가 사랑하는 사람들을 흉보면 된다. 벳시는 친구들의 우직한 충신이자 투견이다. 나는 한번 워싱턴 디시를 비판했다가 한발 물러서야 했다. 대화는 워싱턴 디시에 대한 비판에서 인간관계에는 솔직함과 자기표현이 필요하다는 이야기로 넘어갔다.

나는 두 부류의 사람과 금방 친구가 된다. 창조적인 사람과 자기 약점을 감추지 않는 솔직한 사람. 내 생각에 두 부류는 바탕이 같다. 그 바탕은 모험심이다.

공정하게 말하면, 내가 자기표현을 지나치게 강조한다고 할 사람이 많을 것이다. 내가 약점을 쉽게 밝히는 것 역시 내가 만들어 낸 개성의 또 다른 특징이라고 할 사람이 있을지도 모르겠다. 어쩌면 그럴지도 모른다. 관심을 끌고 싶어서 자신을 과하게 드러낸 적도 있다. 이 방법은 나에게 딱이다. 특히 책에서 효과가 크다. 사람들이 사진 때문에 내 책을 사는 것은 아니니까.

나는 약점을 드러내는 게 매력이었다. 그렇게 해서 사람들과 소통할 수 있었다. 독자들과도 마찬가지였다. 내 책을 읽고 '나도 그래요'라고 요약할 수 있는 독자 편지를 얼마나 많이 받았는지 모른다. 그들은 내 책을 읽기 전까지는 세상에 혼자 남겨진 것 같아 쓸쓸했다고 말했다. 나 역시 그들의 편지를 읽고 실제로 외로움을 덜 느꼈다. 아무튼 작가는 사람들과 어울리면서 책을 쓰지 않는다. 그들이 깊이 공감했던 모든 글은 내가 사가끼니를 입은 채 혼자 앉아서 쓴 것들이다.

하지만 워싱턴 디시에서 솔직함과 자기표현은 효과가 없었다. 나는 늘 솔직하게 말할 준비가 되어 있었지만, 나와 대화하는 사람들은 모두 뉴스 앵커처럼 말쑥하게 행동했다. 나는 어디에 카메라가 있나 하고 연신 주위를 살폈다.

사실 어디까지 솔직할 것인지는 개인의 자유다. 사람을 사귀는 데 정도는 없다. 하지만 연기를 하면서까지 정치인이 될 필요는 없다. 빌 로키가 온사이트에서 했던 말마따나 "내가 진실한 모습을 보여주지 않으면 어떻게 사람들과 가까워지겠는가?"

지난해 나는 호주의 간호사 브로니 웨어에 관한 기사를 읽었다. 브로니는 살날이 12주가 채 남지 않은 말기 환자를 간호하는 일을 주로 했다. 환자들에게도 즐거웠던 추억과 후회가 당연히 있었다. 하지만 죽음이 임박하면 환자들은 가장 중요했던 일을 분명하게 인식하게 된다고 브로니는 말했다.

놀랍게도 환자들은 흔히 남들의 기대에 부응하기 위해

자신이 원하는 대로 용기 있게 살지 못한 것을 후회했다.

브로니의 환자 이야기를 읽으면서, 나는 말하고 싶었지만 비판이 두려워 솔직하게 말하지 못했던 생각, 사랑한다고 말하고 싶었지만 거절이 두려워 침묵했던 순간, 공개하고 싶었지만 출판할 만한 글은 아니라고 속단하고 포기했던 시와 이야기들이 얼마나 많았는지 떠올렸다.

사실 나를 공개한 후 몇 번은 상처를 받았다. 몰래 숨어서 기다리고 있다가 약자가 나타나면 별안간 덤벼들어 힘자랑을 하고 싶어 하는 사람들이 있다. 하지만 신은 그들을 용서하신다. 마음이 통하는 친구를 찾을 수 있다면 이따금 부상을 당해도 좋다. 비열한 자들에게 다른 쪽 뺨을 돌려댈 용의가 있는 한 솔직함은 풍요로운 우정을 약속한다.

당신은 죽음이 임박했고 사랑하는 사람들이 모였다. 그 자리에서 그들이 당신에 대해 잘 모른다는 것을 깨닫게 된다면 당신은 심정이 어떻겠는가? 시를 쓰고도 결코 공개하지 못했다면? 불의를 보고도 아무 말을 못했다면? 그때는 너무 늦었다는 것을 상상할 수 있겠는가.

늘 감추고 산다면 어떻게 사랑받을 수 있겠는가.

벳시를 사랑하고 벳시의 사랑을 받기 위해서는 나를 열어 보이는 모험을 해야 한다는 깨달음이 찾아온 사건이 있었다. 심리학자 친구 빌 로키에게 슬럼프에 빠져서 글을 쓸 수 없다고 고백한 덕분이었다.

둘은 무관하지 않았다. 사랑하기를 두려워하는 것과 자판을 앞에 두고 얼어붙어 있는 것은 나 자신이 알려지는 것, 실수하는 것, 약점 있는 사람으로 드러나는 것에 대한 두려움과 관련이 있다.

설명하자면 이렇다. 나는 첫 책을 8개월 만에 완성했다. 굉장한 경험이었다. 나는 파이프 담배를 피우고 오리건의 산을 누비며 책에 쓸 다음 장면을 상상했다. 그리고 그날 밤 퓰리처상 수상을 자신하면서 원고를 여러 장 쓰고 또 썼다. 물론 상을 받지 못했지만 상관없었다. 나는 글을 쓰는 게 좋았다. 내 손가락 끝에서 펑펑 날아오르는 단어들로 새로운 세계를 창조하면 전율을 느꼈다.

두 번째 책도 즐겁게 썼다. 역시 8개월 만에 완성했고 첫 책을 쓸 때처럼 즐거웠다.

그런데 세 번째 책을 쓰는 동안 두 번째 책이 베스트셀러가 됐다. 갑자기 모든 게 변했다. 사람들의 호평과 혹평이 온라인에 속속 올라왔고 다시 책을 쓰기가 두려웠다.

자판에 손을 얹으면 독자들의 비판이 머리에서 떠나지 않았고, 무엇을 어디까지 밝혀야 할지 몰라서 더 이상 글을 쓰지 못했다. 더욱이 사람들의 격찬을 생각하면 그들의 기대에 부응하지 못할까 봐 무서웠다.

세 번째 책은 1년이 넘게 걸렸고, 그다음 책은 2년이 걸렸다. 다섯 번째 책은 거의 4년 만에 마쳤다.

나는 심각한 문제에 봉착했다. 내가 말했듯이 빌이 아니었으면 문제를 인식하지 못했을 것이다. 내가 글을 못 쓰고 있다고 말하자 그는 내 글이 달라진 것 같다고 말했다.

"달라졌다는 게 무슨 뜻이지?"

"지금은 너무 몸을 사리는 것 같은데."

"몸을 사린다." 나는 그의 말을 소리 내어 따라했다. 미심쩍었지만 사실처럼 들렸다.

"돈의 책을 많이 읽어 봤는데, 예전에 돈의 글은 아무도 말하지 않았던 것을 솔직하게 말해 줘서 아주 재미있었어. 우리는 알려질 게 두려워 감추는 일들에 대해 돈은 진실했어."

그 말이 나에게 얼마나 큰 힘이 됐는지 빌은 몰랐을 것이다. 그의 말이 옳았다. 알량한 성공을 거두자 갑자기 잃고 싶지 않은 게 생겼던 것이다. 사람들의 기대에도 부응

해야 했다. 나는 마비되고 있었다. 돌연 나답게 산다는 것이 위험한 일이 되어 버렸다.

같은 해 하반기에 우연히 닐 피오레 박사가 쓴 책을 읽었는데, 내가 너무 몸을 사린다는 빌의 짐작이 옳았다는 것을 확인할 수 있었다. 책 제목은 《나우》(RHK 역간), 내용은 미루는 버릇을 극복하는 방법이었다. 피오레 박사는 직업적 성공은 줄타기와 다르지 않다고 말했다. 성공이 거듭되면 줄은 더 높아진다. 얻는 게 있으면 잃을 것도 많아진다. 직업적 성공을 거두면 발밑에 계곡이 생기고, 계곡은 점점 더 깊어져서 줄타기는 공포를 일으킨다. 사람들은 주로 다른 사람을 실망시킬까 봐 두려워 일을 미룬다고 피오레 박사는 말했다.

평가받는 두려움보다 더 해로운 게 있을까. 평가는 우리를 마비시키고 숨게 만든다. 그래서 나답게 살지 못하고 사람들과 가깝게 지내지 못한다.

지난달 신문에서 27년 동안 한 사람과만 이야기했다는 남자에 관한 기사를 읽었다. 그는 메인 주 숲 속에 텐트를 쳐 놓고 책을 읽거나 낡은 트랜지스터 라디오를 들으며 살았다. 한 달에 한 번은 몰래 마을에 내려가 식당이나 수련장 주방에 침입해 음식을 훔쳤다. 그는 어린이 캠핑장에서 콩 통조림을 훔치다가 붙잡혔다. 10년 전 숲에서 우연히 만난 등산객에게 한마디 한 것이 30년 동안 그가 한 말의 전부라고 그는 경찰에게 말했다. 그 등산객 외에는 오랫동안 아무하고도 말을 하지 않았다.

그 남자에 대해 이야기하자 친구들은 입을 다물지 못했다. 사람이 어떻게 30년 동안 철저히 고립되어 살 수 있단 말인가. 친구들은 고개를 절레절레 흔들었지만 이상하게도 나는 그 남자를 이해할 수 있었다. 은둔자가 되고 싶은 마음은 조금도 없지만, 그 남자처럼 숲 속에 철저히 고립되어 타인의 위험에서 완전히 자유롭게 사는 것이 가능하다고 생각한다. 몇 달 동안 오두막에서 혼자 지내면서 글을 쓴 시간이 무척 편했던 것은 적어도 한 달 동안은 남들이 나를 어떻게 생각할까 같은, 나를 끊임없이 압박하는 스트레스에서 벗어날 수 있었기 때문이 아니었을까.

완전히 자유로운 사람을 만난 적이 있는가? 자기 생각을 숨기지 않고 말하는 사람을 만난 적이 있는가? 디제이처럼 주의를 끌기 위해 과격한 발언을 하는 사람을 말하는 게 아니다. 사람들이 평가한다는 것을 의식하지 못하는 사람, 남들이 자신을 있는 그대로 받아 준다고 여기는 사람 말이다.

나는 그런 사람을 만난 적이 있다. 그는 정말 멋진 사람이었다.

몇 년 전 알게 된 그는 성인이 된 후 머리를 다쳤다. 멀쩡한 사람처럼 보이지만 5분만 이야기를 나눠 보면 그가 정상이 아니란 것을 알게 된다. 그는 정상적으로 걷고 대화했지만 머리를 다친 후에는 상대를 불편하게 만들 정도로 솔직한 사람으로 변했다. 이를테면 그는 살찐 사람을 만나면 체중에 대해 말하는데, 핀잔을 주고 싶어서가 아니라 호기심 때문이다. "살이 찌면 오래 걷는 게 힘드나요? 몸이 두툼하면 겨울에 따뜻한가요?" 그의 목을 조르고 싶은 적이 한두 번이 아니었다. 하지만 그가 부럽기도 했다. 무례한 모습이 부럽다는 게 아니라 자신의 무례를 모른다는 점이 부러웠다. 그는 악의가 없었다. 다만 성격이 이상하게 변해서 생각하는 것을 그대로 말하는 것뿐이었다.

머리 부상 이후 그의 옷차림은 예술가처럼 변했다. 멋진 스카프를 두르고 띠 밑에 작은 깃털이 꽂혀 있는, 챙이 완전히 동그란 멋진 모자를 사기 위해 돈을 모았다. 양말은 밝은 색을 신었고 저녁을 먹으면서 오래 대화하는 것을 좋아했다. 디저트 먹는 것을 잊을 정도로 유익하고 재미있는 대화를 나눴다. 대화가 잠시 중단되면 그는 나를 가리키면서 내가 이야기할 차례라고 말했다. "자, 재미있는 얘기 좀 해주세요."

그날 이후 나는 저녁 식사 자리에서 누군가를 지목해 재미있는 이야기 좀 해달라고 말하고 싶었던 적이 얼마나 많았는지 모른다. 그가 있으면 대화가 지루할 틈이 없었다.

그 친구 이야기를 하는 것은 후회 없이 인생을 살아갈 사람은 그 친구가 유일할 것 같아서다. 브로니 웨어의 말마따나 무덤에 묻힐 때까지 인간에게 감정이 남아 있다면 우리는 후회를 느끼며 죽을 것이다.

빌에게 몸을 너무 사린다는 말을 들은 후, 나는 옛날의 나로 돌아갔다. 생각과 느낌을 자유롭게 표현해도 괜찮다는 허용과 은혜를 느꼈던 내 모습으로. 작가로서 글을 쓰려면 팬과 비평가들을 피할 수 없다는 것을 깨달았다. 우리는 모두 어느 순간 자신의 본모습이 드러나는 때가 있기에 한 번은 이런 결정을 내려야 한다.

나는 완벽하게 인정받을 수 없다는 것을 알았다. 나를 공개하는 것은 비난을 감수하겠다는 결정이기도 하다. 모든 덤불 뒤에는 심판자들이 숨어 있다. 하지만 더 이상 개의치 않기로 했다. 내 영혼은 드러나고 싶었다. 숨어서는 드러날 수 없었기 때문에 글쓰기를 두려워할 처지가 아니었다. 나는 직업적으로나 인격적으로나 굶주렸다.

그래서 글을 썼다. 신께서 내 목소리를 소중하게 여기신다고 생각하며 썼다. 아무리 보잘것없는 사람이라도 모든 사람의 이야기는 아름답다고 믿었기에 썼다. 내가 나를 만든 게 아니라 신께서 나를 만드셨기 때문에 썼다. 진실한 내 '자아'를 세상에 알리라는 그분의 초대를 받은 것처럼 썼다.

나는 팽팽한 줄 위에서 조금 더 단단해진 나를 느꼈다. 글을 쓰는 동안 발밑의 땅이 꺼지기 시작했어도 다 신기루로 여기며 계속 썼다. 줄은 없고 위험도 없으며 떨어져 죽을 일도 없다고 믿었다. 독자가 떨어져 나갈 것을 알았지만 블로그에 정치적 의견을 썼다. 추종자들이 제 블로그에서 나를 규탄하리란 것을 알았지만 지도자들의 잘못을 지적하는 글을 썼다. 기독교 작가로서 5년 넘게 교회에 출석하지 않은 사실에 대해 썼다. 나는 내 이야기를 썼다. 나는 더 이상 숨어 있지 않고 사람들에게 내 모습을 공개했다. 노골적인 디제이처럼 하지 않았다. 사람들과 실제로 소통하기 위해 위험을 감수했다.

물론 나는 비난을 받았다. 손가락질을 받았다. 자신을 공개하면 표적이 될 수밖에 없다.

그런데 이상하게도 내 상처는 아물었다. 나는 성찰하기 시작했고 조금씩 건강해졌다.

먼저 용서하는 법을 배웠다. 온사이트에 있을 때, 사람들은 두려워하기 때문에 공격한다고 한 간사가 말했었다. 사람들에게 인생이란 프로레슬링의 '킹 오브 더 마운틴' 매치와 같다. 당신이 일어서면 다른 사람이 당신을 넘어뜨리려고 한다.

하지만 알아낸 것이 하나 있다. 위대한 지도자들, 세상을 변화시킨 사람들은 다른 쪽 뺨을 돌려 댈 줄 알았다. 그들은 너무나 굳건하게 사랑을 믿었고, 너무나 확고하게 용서를 믿었다. 자신을 공격하는 사람들을 용서하고 사랑하기까지 했다.

비난은 감수할 가치가 있었다. 처음으로 나는 블로그와 에세이를 통해 사람들과 소통하기 시작했다. 한 사람이 내 뺨을 치면 열 사람은 나를 반기며 입을 맞췄다. 해볼 가치가 충분했다.

다시는 몸을 사리지 않겠다는 뜻으로 새로운 자유를 위한 다짐을 하고 이렇게 적었다.

내 말을 멍청한 말이라고 해도 개의치 않는다.
실수를 두려워하지 않는다.
멋지다는 말을 듣지 못해도 하고 싶은 일을 열심히 한다.
사견을 기꺼이 밝힌다.
두려우면 두렵다고 말한다.
전에 했던 말을 번복해야 한다면 기꺼이 그렇게 한다.
내 반응이 판에 박은 것이고 설사 잘못된 것이라도 움츠리지 않는다.
잘못했으면 잘못했다고 사과한다.
내가 불완전한 인간임을 부끄러워하지 않는다.

그러자 깜짝 놀랄 일이 생겼다. 블로그 방문자 수가 세 배로 늘었고 넉 달 만에 책의 초고를 완성했다. 이렇게 빨리 책을 써 본 적이 없었다. 슬럼프가 사라졌다. 진실하고 정직하게 쓰면 작가로서 불이익이 있을까도 두렵지 않았다.

이런 경험을 하고 나니 사람들에게 사랑받는 사람이 되기 위해 애쓰는 것은 시간 낭비가 아니지 않나 하는 생각이 들었다. 우리가 될 수 있는 가장 강하고, 가장 매력적인 사람은 바로 지금의 우리니까. 우리는 끊임없이 변화하는 존재이고 그 여정을 살면서 생각이 달라질 뿐이니까.

내 모습을 드러내는 게 조금도 불편하지 않다면 거짓말이지만 나는 점점 나아지고 있다. 삶이 조금 더 편안해진 것 같고, 책 한 권을 4년씩 끌지 않고 1년 안에 완성하려고 노력한다. 더 중요한 것은 내 글을 버리지 않고 출판사에 넘긴다는 것이다. 이것은 발전이다. 팬과 비평가들은 이제 내 작품에 득이 되지 독이 되지는 않는다.

무용가 마사 그레이엄이 했던 말을 좋아한다. "우리 각 사람은 독특하며, 우리가 존재하지 않았다면 세상은 허전했을 것이다." 그런데 우리는 왜 금방 획일적이 될까. 우리가 획일적인 존재가 됨으로써 세상은 무엇을 잃어버렸을까. 윌리엄 블레이크는 예수는 "완전한 덕의 소유자여서 율법이 아니라 충동에 따라 행동했다"라고 말했다. 예수처럼 되고 싶다면, 자신의 고유한 재능과 아름다움을 억제하는 힘에 맞서고 새로운 모습으로 말하고 움직이고 행동해야 하지 않을까. 신이 세상에 주시는 메시지의 일부가 당신이라면? 당신의 진실하고 생생한 모습이라면?

친구 제이미가 지난밤 우리 집에 묵었다. 그는 사실 이틀 동안 우리와 함께 지냈다. 제이미는 비영리 단체 TWLOHA(To Write Love on Her Arms)를 운영한다. 이 단체는 소외된 사람들을 대변하고 마음을 담아 의류를 판매한다.

록 콘서트장에서 제이미의 이야기를 듣기 위해 늦게까지 깨어 있던 날을 기억한다. 밴드는 제이미에게 공연 사이사이에 이야기를 해달라고 부탁했다. 제이미는 땀에 전 십대들이 우글우글한 어두운 공연장에서, 탄생을 기다리는 노래와 꿈과 희망이 있기에 인생을 살 이유가 무궁무진하다고 말했다. 제이미는 그들이 친구와 함께 공연장을 찾았다는 사실을 상기시키며, 힘든 일이 있어도 서로 도우면 희망을 잃지 않을 수 있다고 말했다.

솔직히 나는 그가 무슨 말을 하는지 이해할 수 없었다. 관객들에게 꽃을 나눠 주겠다는 것인지 다른 무슨 일을 하겠다는 것인지 종잡을 수 없었다. 제이미는 거기서 이야기를 멈추고 무대에서 내려왔다.

아이들은 제이미를 둘러싸고 사인을 요청했다. 제이미는 어색해하며 아이들의 셔츠와 포스터에 사인을 해줬다.

제이미를 안 지 10년이 흘렀으니 우리는 십년지기다. 그 후로 그가 시작한 브랜드는 폭발적인 성공을 거뒀다. 그는 여러 상과 기금을 받았고 여러 방송에 출연했다. 사람들은 그를 좋아한다. 장담컨대 제이미는 조금도 변하지 않았다. 그는 마치 다른 별에서 온 사람처럼 똑같은 이야기를 부드럽게 말하고 또 말했다. 우리에게는 서로가 필요하다고. 사람을 비난할 이유가 없다고. 사람들은 상상 이상으로 약한 존재라고.

제이미는 내 가장 가까운 친구다. 내가 인터넷에 불친절한 글을 올리면 제이미는 어김없이 전화를 한다. 그러고는 사람들은 상처로 아프다고, 우리를 도발하는 다윈주의 게임에서 벗어나야 한다고 일깨운다. 내가 헛소리를 할 때만 그가 나에게 전화를 하는 건 아니다. 나도 내가 상처를 받아 아플 때 그에게 전화를 건다.

하여튼 우리는 뒷베란다에 앉아 있었고 날씨는 쌀쌀했다. 벳시는 잘 준비를 했다. 루시는 제이미와 내가 번갈아 마당으로 던지는 테니스공을 잡으러 다녔다.

'제이미는 참 신기한 친구야.' 나는 그런 생각을 했다. 그는 이야기 자체이기 때문에 이야기를 많이 하지 않는다. 그는 티셔츠 전면에 자신의 마음을 담아 판매한다.

하지만 제이미도 때로 자신이 하고 있는 일이 가치 있는지 생각한다. 사랑, 용납, 은총, 관용, 용서 같은 무형의 것으로 세상을 더 좋은 곳으로 만들 수 있을까. 아무래도 이런 것은 가격을 매길 수 있는 물건이 아니다.

거기 앉아 테니스공을 던지던 나는 문득 제이미의 힘은 제이미 자신이라는 생각이 들었다. 그는 희생을 각오하고 가시 돋친 세상을 향해 맨가슴으로 겁 없이 돌진한다. 그의 심장은 분명히 다치고 또 다쳤을 것이다. 그는 손해를 보더라도 감정을 솔직하게 말하고 사람을 지배하는 어두운 힘에 맞서 싸운다.

상처 입고 외롭고 혼란스럽고 자살을 기도하던 사람들이 제이미를 만난 뒤 그의 말에서 발 디딜 틈을 찾았다는 이야기는 수도 없이 들었다. 그들은 제이미를 사랑한다. 제이미가 그들을 있는 모습 그대로 받아 주고, 연기할 필요가 없다고 말해 주고, 그들의 이야기에 깃들어 있는 아름다움을 보여주기 때문이다.

당신과 내가 제이미 같을 수는 없지만 당신은 당신 삶이 있고 나는 내 삶이 있다. 자신의 삶에 충실할수록 우리는 더 큰 힘을 발휘할 것이다. 연기를 하면 바라던 인정은 얻을 것이다. 그러나 나답게 사는 모험이야말로 진짜 친밀감을 느낄 수 있는 유일한 길이다. 두 사람이 진짜 친밀한 사이가 되면, 거짓말을 하지 않고 사랑하면, 변화가 일어난다.

제이미가 떠나던 날 새벽 나는 짧은 편지를 썼다. 제이미를 보지 못하고 먼저 떠나야 했기 때문이다. 나는 모두가 잠든 새벽에 일어나 주방으로 갔다. 그리고 친구에게 하고 싶은 말을 떠올렸다. 그에게 무슨 말을 할 수 있을까. 그가 없었다면 세상은 어두운 곳이 되었을 것이다. 나는 친구에게 해야 할 말을 쓰기 위해 기도했다.

나는 편지를 써서 현관에 있는 그의 신발 속에 넣어 뒀다. 진실한 문장이었다. 제이미에게 꼭 어울리는 진실한 문장이었다. 하지만 나는 이 문장이 당신에게도 진실한 문장이었으면 좋겠다. 그리고 나에게도. 나는 우리가 이 세상에 우연히 태어났다고 믿지 않는다. 또 우리가 가면을 쓰고 연기를 해야 한다고 믿지 않는다. 나는 우리가 자신의 모습에 충실해야 한다고 생각한다. 나는 우리가 기적이라고 생각한다.

제이미,
힘을 내. 네 심장은 세상이 들어야 할 시를 쓰고 있고, 그 시는 천 개의 노래가 되어 불리고 있어.

사랑하는 친구, 돈

12장

훌륭한 부모들의 특기

친밀한 관계에 필요한 것은 진정성, 자신의 약점을 인정하는 것, 남들도 나처럼 허물도 있고 장점도 있다는 믿음이다. 나는 이런 핵심 가치들이 건강한 연애뿐 아니라 건강한 가족 관계와 건강한 양육에도 필요하다는 것을 배우고 있다.

솔직히 나는 아이들에게 사랑받지 못하는 아빠가 될 것 같아서 매우 두렵다. 나는 늦은 나이에 결혼하기 때문에 노인병이 나타날 때쯤 우리 아이들은 질풍노도의 시기를 지난 것이다. 나는 아들이 나한테 형편없는 아빠라고 말하는 것을 듣고 가슴을 움켜쥔 채 졸도하는 악몽을 자주 꾼다.

벳시는 내가 이런 이야기를 하면 질색한다. 하지만 허황된 두려움은 아닌 것 같다. 결혼은 일찍 하는 게 좋다. 그래야 아직 기력이 있을 때 아이들의 반항기를 헤쳐 나갈 수 있다. 하지만 우리 아이들은 가죽옷을 걸치고 배꼽에 피어싱을 하고서, 휠체어에 앉은 나를 밀어 줄 것이다.

나는 벳시에게 아이를 낳지 말고 고양이를 기르자고 설득하고 싶지만, 벳시는 우리가 아직 팔팔해서 아이를 낳아 기를 수 있다고 말한다. 벳시는 우리가 뭐든지 할 수 있다고 생각한다. 벳시는 내가 아무 이유 없이 두려워한다고 생각한다. 아이들이 벌이는 광란의 파티에서 거실 탁자에 묶인 채 허수아비 취급을 당하면 내가 뭘 두려워했는지 알게 되겠지.

그나마 마음을 놓을 만한 구석이 있다면 아이들을 진짜 훌륭하게 기른 친구들이 내 주변에 있다는 사실이다. 이 아이들은 십대, 이십대인데도 여전히 부모를 좋아하고 존경한다. 내 친구 존과 테리 맥머리는 세 아이들에게 사랑받는다. 말썽꾸러기가 하나쯤은 있을 것 같은데 없다. 폴과 킴 영은 자녀가 여섯이다. 모두 성인이 됐는데도 여전히 부모를 방문하고, 손자손녀들을 데리고 와도 벽에 낙서하는 아이가 하나 없다. 벤과 일레인 피어슨의 아이들은 자주 저녁을 먹으러 오는데 식기를 훔쳐가는 법이 없다. 나는 똑똑히 본다. 건강한 가족은 가능하다. 우리 애들이 자라서 부모를 인간 방패로 삼아 은행 강도짓을 하지 않을 수도 있다는 가능성을 본다.

나는 건강한 가족에서 공통적인 특징을 발견했다. 그것은 바로, 약점을 감추지 않는 부모 밑에서 자란 아이들이 더 나은 삶을 산다는 것이다.

내 말은 완벽해지려고 용쓰거나 완벽한 척하지 않는 부모의 아이들이 부모를 더 믿고 존경한다는 뜻이다. 약점을 인정하고 솔직하게 행동하는 것은 안정감이 자라는 토양과 같다. 이것은 내가 정직하고 개방적인 부모의 아이들에게 가장 많이 느끼는 점이다. 그들에게서 나는 안정감을 느낀다.

애석하지만 그 반대도 사실이다. 잘못을 인정하지 않는 부모 밑에서 자라는 아이들은 불안하고 불만투성이다. 마치 가족을 떠나 자신의 꿈을 펼치고 싶은 마음을 남몰래 품고 있는 것 같다.

물론 아이들이 어떻게 자랄지 확실히 알 길은 없다. 변수가 너무 많다. 하지만 나는 약점을 인정하는 부모 밑에서 자라는 아이가 건강하고 만족하는 삶을 사는 사람이 될 가능성이 더 크다고 믿는다.

생각해 보자. 개방적이고 정직한 부모는 아이들의 실수를 용납하는 환경을 만든다. 그런데 불행히도 결점을 숨기는 부모는 자기도 모르게 아이들이 뭔가 숨겨야 할 것 같은 환경을 만든다. 세상에서 자신의 본모습을 감추고 싶은 마음이 건강할 리 없다.

내가 아는 불안증이 심한 사람들은 부모들이 바른생활의 가면을 쓴 근본주의적인 환경에서 자랐다. 나는 규율이 엄격한 가정에서 편안하게 자란 사람을 한 사람도 만난 적이 없다. 잘못을 숨기고 살 수밖에 없는 환경에는 독이 있다.

벳시와 나는 약혼하자마자, 앞으로 아이들을 언제 낳고 어떻게 기를지에 대해 이야기했다. 벳시는 이런 이야기를 나보다 조금 더 좋아했지만 나는 늘 똑같은 생각만 했다. 어떻게 해야 좋은 아빠가 될 수 있을까.

　어느 날 나는 루시와 시간을 보내며 포토맥 강에 테니스 공을 던지다가 친구 폴 영에게 전화를 걸었다. 폴은 《오두막》(세계사 역간)을 쓴 친구다. 폴이 창고 관리인으로 일하면서 자신이 쓴 책을 자동차 트렁크에 쌓아 놓고 팔던 시절에 나는 그를 만났다. 그 이후 폴의 책은 2천만 부 가까이 팔리면서 전 세계적인 사건이 됐다. 하지만 폴은 사람 됨됨이가 거의 그대로다. 폴은 그냥 폴이다. 폴은 겸손하고 솔직하고 똑똑하다.

　폴에게 전화한 이유는 폴의 가족이 내가 만난 최고의 가족이기 때문이다. 앞에서 폴에 대해 언급했듯이, 폴과 킴은 여섯 아이가 있다. 그들은 내가 만난 어떤 가족보다 더 개방적이고 정직한 가족이다. 아이들은 굳세고 자립적이고 건강하다. 인간이 날마다 허덕이는 고민에서 자유롭다. 예전에 나는 그 집에서 저녁을 먹으면서 그들이 어떤 문제든 자유롭고 솔직하게 이야기하는 모습을 보고 깜짝 놀랐다. 마치 가족을 피난처로 여기는 것 같았다. 그 집은 누구나 평가에 대한 두려움을 느끼지 않아도 되는 자유로운 피난처였다.

"그럼 벳시와는 진지하게 사귀는 거야?"

"그럼. 벳시는 특별해, 형. 벳시하고는 끝까지 갈 것 같아."

"그래, 돈. 잘됐다. 때가 됐지."

나는 폴에게 전화한 이유를 말했다. 나는 좋은 아빠가 될 수 없을 것 같아 너무나 두렵다고 말했다.

폴은 한숨을 쉬었다. 그는 내가 좋은 아빠가 되지 못하리라고 믿을 만한 이유가 전혀 없다고 말했다. 하지만 나는 폴을 재우쳤다. 비결을 밝히라고 말했다. 나는 그가 어떤 아버지가 되려고 했는지, 어떻게 했기에 아이들이 부모를 사랑하는지 알고 싶었다.

폴은 잠시 말이 없더니 마침내 입을 열었다. "음, 쉽지 않아. 우리가 좋아지고는 있어도 완벽한 부모는 아니야. 우리 같은 가족이 되고 싶다니 영광인걸."

폴은 다시 잠깐 멈추더니 말을 이었다. 폴은 솔직하고 약점을 감추지 않는 태도가 자기 가족의 특징이라고 인정했다. "우리 가족은 숨기는 게 없어. 우리는 어떤 것도 감추지 않아. 하지만 거기까지 가기가 참 힘들었어. 노력이 필요하고 고통이 따르는 일이야."

폴은 오래전 아이들이 어렸을 적 외도를 했다고 털어놨다. 폴은 마치 고해성사를 하는 사람처럼 솔직하게 말했다.

끔찍한 잘못이었고 자기 기만이었다. 폴은 불륜을 저질렀고 대가를 톡톡히 치렀다.

나는 베스트셀러 작가들을 많이 만나는데 이렇게 자기 잘못을 솔직하게 밝히는 사람은 드물다. 대다수는, 특히 기독교 작가들은 자신에게 있든 없든 도덕적 권위를 내세우려 한다. 하지만 폴은 자신의 외도로 가족이 큰 고통을 받았지만 그 일로 인해 가족이 간절히 바랐던 것을 얻었다고 말했다. 진실이었다. 애당초 바람을 피울 수 있었던 이유는 가족을 속이고도 아무렇지 않게 생활할 수 있었기 때문이라고 폴은 말했다. 폴과 킴은 가족이 살고, 살뿐만 아니라 가족이 잘되려면 힘들더라도 정직해야 한다는 것을 알았다.

당시 아이들 중 넷은 너무 어려서 그들에게 아빠의 잘못을 말해 줄 수 없었다. 첫째와 둘째는 알고 있었지만 폴은 몇 년 기다렸다가 어린 아이들에게 고백했다. 때가 되자 폴은 셋째, 넷째, 다섯째를 데리고 등산을 가서 조용한 곳을 찾아 그들이 어렸을 때 자신이 했던 외도를 고백했다. 아이들에게 잘못을 고백하는 일은 고통스러웠다. 막내에게 말하기까지는 몇 년이 더 걸렸지만 폴이 아이들에게 그동안 말하지 못했던 사실을 털어놓을 때 킴은 아이들 곁에서 자리를 지켰다.

"있잖아, 돈, 사과하는 것과 용서를 비는 것은 달라. 미안하다는 말은 보도 자료처럼 비공식적인 진술이야. 하지만 용서를 빌면 상대의 처분을 기다려야 해. 나와 친밀하게 지낼 건지, 나를 용서하고 싶은지, 아이들에게 결정권을 줘야 했어. 무서운 각성의 순간이었어."

"그래서 아이들한테 용서를 받았어?" 나는 물었다. 고통스러워도 진실에는 마법 같은 힘이 있겠지.

"그 자리에서 한꺼번에 용서를 받지는 못했어. 나는 울음을 참지 못했고 정말 두려웠어. 하지만 아이들은 이 문제를 각자의 방식으로 해결해야 했어. 아빠가 엄마 몰래 바람을 피웠고 그 일을 다른 식구들은 다 아는데 자신만 몰랐다고 생각해 봐. 가족에게 속고 살았다는 느낌이 들 거야. 평생 잊지 못할 상처지."

"그럼 형의 가족은 어떻게 지금처럼 된 거야?"

"그 문제라면 아내와 아이들의 사연이 다 달라. 한 아이는 처음에는 바로 용서했어. 그런데 몇 년 뒤 가장 친했던 친구가 사고로 죽자 나를 원망하기 시작했어. 인생에는 어두운 면이 있다는 것을 깨닫고 나서 나를 그쪽 세계에 집어넣은 게 부분적인 이유였어. 세상은 불공평한 것 같은데 아빠 역시 불공평하고 부당하다고 생각했던 거야. 우리는 모든 것을 처음부터 다시 시작해야 했어. 나는 가만히 서서 다시 용서를 빌었고 아들의 처분을 기다렸어. 용서란 참 이상해. 단칼에 되는 일이 아니야. 하지만 시간이 흐르자 아들은 나를 용서했고 우리는 관계를 회복할 수 있었어."

"다른 아이들은?"

"큰딸은 다른 사람을 지키겠다는 성향이 강해서인지 문제를 보류하더군. 작은딸이 가장 힘들어했어. 작은딸은 아직 어렸고, 엄마 몰래 바람을 피운 아빠라면 어쩌면 기억할 수 없을 만큼 어렸을 적에 자기를 건드렸을지도 모른다는 불안을 느꼈어. 아빠를 변태라고 생각한 거지. 얼마나 마음이 아팠는지. 생각할 수도 없는 일이니까. 작은딸이 그 이야기를 하며 무섭다고 말하는데, 울음이 터지더군."

폴이 이런 이야기를 숨기지 않는다는 것이 믿기지 않았지만, 이런 점에서 그가 특별한 사람임을 알 것 같았다. 사실 이런 솔직함은 그를 강하게 만들었다. 폴은 자신에 대해 진실하겠다고 결심했다. 폴은 실토했다. 폴은 아이들을 피해 숨고 싶지 않았다. 나를 피하려 하지도 않았다. 폴은 어떤 사람도 피하고 싶지 않았다. 폴은 소통을 원했다.

폴은 한숨을 쉬었다. "작은딸에게 그런 일은 없었다고 말했지만 딸은 내 말을 선뜻 믿지 못했어. 작은딸은 우리를 떠나서 오빠 집으로 갔어. 그날은 성금요일이었지. 우리 아들은 한동안 곤란한 처지에서 여동생을 보살피고 가족의 화해를 위해서 노력했지. 이튿날 토요일에 우리는 아들 집에 모였고 작은딸은 나에게 궁금했던 것을 죄다 물었어. 안전한 가족들 사이에서 말야. 나는 모든 질문에 답했어. 가슴이 찢어지는 것 같았어. 가족이 나 없이 상의할 일이 있을 때는 이따금 밖으로 나가 있어야 했어." 폴은 그날을 떠올리며 비통해했다. 그는 자신이 했던 일을 끔찍하게 여기는 게 분명했다. "나는 비를 맞으면서 동네를 걸었어. 얼마나 울었던지 땅이 보이지 않았어. 나는 하나님께 도와달라고 기도했어."

"작은딸과 친하게 지내는 걸 보면 지금은 확실히 용서했잖아."

"그렇지. 하지만 우리는 한동안 가깝게 지내지 못했어. 그날 집에 돌아오니 완전히 지치고 비참한 기분이었는데 아내랑 큰딸은 산책을 한다고 나갔어. 그런데 현관문을 닫기 전에 나를 부르는 거야. 나갔더니 하늘에 아름다운 무지개가 떠 있더군. 이쪽 거리에서 저쪽 거리까지 완전히 둥근 무지개였어. 돈, 나는 그게 하나님이 주시는 선물이라고 믿었어. 회복이 불가능할 것 같은 가족을 회복할 테니 믿으라고 말씀하시는 것 같았어. 몇 주 뒤에 작은딸이 그 문을 열고 집으로 왔어. 그날 일은 절대 잊지 못할 거야. 소파에 앉아 있었는데 작은딸이 나타나더니 거실을 가로질러 와서 내 품에 안겼어. 우리는 소파에 앉은 채 부둥켜안고 엉엉 울었어. 작은딸이 '알아요'라고 속삭이더라. 하나님은 정말 좋은 분이야, 돈. 나는 용서받을 자격이 없는 아빠였어. 나는 용서를 빌고 작은딸에게 결정권을 맡겼어. 작은딸은 그걸 나에게 무기로 쓰지 않았어. 그 힘을 나에게 돌려줬지. 그 힘으로 아빠를 용서해 줬어."

그때 폴은 요한일서의 한 구절을 기억했다. 그 말에는 그가 하나님에 대해 배운 모든 게 요약돼 있었다. "하나님은 빛이시요, 하나님 안에는 어둠이 전혀 없다."

"하나님이 함께 계시면 어둠도 없고 숨길 일도 없고 꾸밀 일도 없어. 하나님이 함께 계시면 자신의 모습 그대로 살 수 있는 자유와 용기가 생겨."

그날 폴과 대화를 나누면서 굉장한 자유를 느꼈다. 경험해 보지 못한 일이었다. 우리는 자녀 양육이나 아버지가 된다는 두

훌륭한 부모들의 특기

려움에 대해 이야기한 것이 아니었다. 우리의 대화는 사실 자유, 인간이 될 자유, 사실이 아무리 추악하더라도 정직하고 진실할 자유에 대한 것이었다. 가족뿐 아니라 나 자신과의 친밀함, 그리고 하나님과의 친밀함에 대한 것이었다.

그래도 모든 것이 두려웠다. 여러모로 인생은 포커 게임 같다. 용납과 힘, 사랑은 전부 탁자 중앙에 있고 우리는 옆 사람이 볼 새라 카드를 쥐고 가슴에 바짝 붙여서 이기려고 애쓴다. 자신의 카드를 공개하는 것은 가장 멍청한 짓인 것 같다.

그해 하반기에 나는 우리가 속에 숨기는 것이 없어야만 건강한 관계가 가능하다는 진실을 똑같이 신봉하는 훌륭한 아버지를 또 만났다. 그는 또한 우리가 남들도 안심하고 자신을 숨김없이 드러낼 수 있는 사람이 되어야 한다고 말했다. 우리와 함께 있는 사람들이 안심하지 못하면 친밀감은 생겨나지 않는다고 했다.

나는 캘리포니아 주 해안에서 작가와 사색가들이 모인 작은 휴양회에서 그를 만났다. 어쩌다 내 룸메이트가 된 그는 마크 포먼이었다. 마크의 두 아들은 록 밴드 스위치풋을 이끄는 존

포먼과 팀 포먼이다. 나는 오랫동안 존과 알고 지냈지만 그의 아버지는 처음 만났다. 존은 무척 지혜로운 친구다. 존은 자신의 이름을 연호하는 수많은 팬들이 모이는 공연장에서 밤마다 무대에 서지만, 아침 식사를 같이 할 때 보면 멀쩡한 얼굴이다. 존은 말하는 것보다 듣는 것을 좋아하고, 그의 조언은 천년의 지혜가 깃든 것처럼 묵직하고 정확하다. 존 같은 친구들을 보면 신비롭다. 아니, 적어도 존과 같은 사람들은 신비로운 존재였다…존의 아버지를 만나기 전까지는.

규모가 작은 휴양회였다. 나는 침대 두 개가 있고 그 옆에 주방이 딸린 침실을 마크와 같이 썼다. 우리는 밤마다 침대에 누워 그날 배운 것에 대해 이야기했다. 마크는 그의 아들처럼 질문을 많이 하고, 충고를 하기보다 자기가 어떻게 살았는지 이야기했다. 나는 두 아들에 대해서 물었다. 어떻게 길렀기에 록 스타가 되어서도 균형을 잃지 않는지 그 비결이 궁금했다.

"간단한 얘기는 아니네, 돈. 나는 두 아이가 자랑스러워. 특별한 아이들이야. 내 도움을 받았다고 하면 내가 고맙지. 하지만 그 아이들은 특별한 아이들이야. 내가 가장 좋아하는 친구들이라네, 정말로."

"친구라니, 그게 무슨 말이세요? 비밀도 다 털어놓으세요?"

"물론이지. 아이들도 나한테 속마음을 터놓지. 우리는 무슨 얘기든 할 수 있어. 전부 다."

"어떻게 하면 그런 사이가 될 수 있어요?" 나는 인간관계가 건강한 사람들을 만나면 자주 이런 질문을 던진다.

"아." 마크는 킬킬 웃었다. "쉽지 않았어. 하지만 일찍이 마음먹은 게 하나 있었지. 아이들을 절대 비난하지 않겠다고. 나는 아이들이 무슨 얘기를 해도 비난하지 않았어. 야단을 쳐야 할 때는 있었지만 자신의 잘못 때문에 열등한 사람이란 느낌은 들지 않게 주의했어. 그랬더니 아이들이 아빠를 믿고 속에 있는 생각을 솔직하게 말하더군."

"정말요?" 나는 부자지간이 그렇게 가까울 수 있다는 것을 믿지 못했다.

"아, 그럼." 마크는 확신에 차 있었다. "같이 서핑을 타러 가면 보드에 앉아 파도를 기다리면서 한 아이가 자기가 어떻게 사는지 말하지. 그 이야기를 들으면서 혀를 얼마나 많이 깨물었는지 몰라. 보드에 가만히 앉아 아들의 눈을 보며 이야기를 듣는데 '대체 생각이 있는 거야, 없는 거야'라고 고함을 지르고 싶은 걸 꾹 참았다니까." 마크는 웃음을 터뜨렸다. "아이고, 그 녀석들. 하지만 이야기를 듣고 나면 아들에게 도움이 될 만한 내 경험을 말해 줬고, 서핑을 하면서 털어 버렸어."

"멋진데요."

"음, 그건 아이들이 컸을 때 일이야. 기본적인 건 어렸을 때 가르쳤지. 전혀 야단을 치지 않았던 건 아니야. 하지만 아이들이 자랄수록 나는 비난을 삼갔네. 더 많이 경청하고 아이들이 스스로 지혜롭게 살 수 있도록 기다렸어. 그들은 잘 자라 줬어. 아빠로서 자랑스럽지. 말했듯이 아이들은 내가 가장 좋아하는 친구들이야. 우리는 무슨 이야기든 할 수 있다네."

진정성은 깊이 있고 건강한 관계를 맺도록 이끈다. 나는 이것을 오랫동안 주목했다. 정직은 친밀감이 자라는 토양이라고 나는 확신한다. 나는 빌 로키의 생각이 듣고 싶어서 그에게 전화를 걸었다.

빌은 도움을 줬다. 그는 영혼을 회복하기 위한 싸움의 절반은 자신에 대해 정직하게 말할 수 있는 안전한 곳을 찾는 것이라고 했다. 정직을 배울 수 있는 가장 좋은 곳은 가정인데 정직은 일찍부터 배울수록 좋다고 말했다. 빌

은 이 문제에 대해 두 심리학자가 발견한 사실을 요약한 《뉴욕타임스》 기사를 보내 줬디

에모리 대학교의 심리학자 마샬 듀크는 건강한 가족의 공통점에 대해 연구했다. 마샬의 부인 사라 역시 심리학자로서 학습 장애가 있는 아동들을 치료하면서 눈에 띄는 점을 발견했다. "자기 가족에 대해 아는 것이 많은 아동일수록 문제 해결 능력이 더 뛰어나다."

기사에 따르면 "집안 내력에 대해 아는 것이 많을수록 아동은 자신의 삶을 더 주도적으로 이끌어 간다. 자부심이 더 강하고 가족에 대한 믿음도 더 두텁다." 사실 "당신은 가족에 대해 얼마나 많이 아는가?"라는 물음은 아동의 정서적 건강과 행복을 가장 정확하게 예측할 수 있는 유일한 표지로 드러났다.

하지만 듀크 박사는 이어서 가족의 불행한 이야기만이 아동을 건강하게 만드는 것은 아니라고 설명했다. 아동을 건강하게 만드는 것은 성공했든 실패했든 가족이 하나로 뭉쳤다는 역사다. 듀크 박사는 이것을 오뚝이 가족사라고 부른다. "얘야, 아빠가 말해 줄게. 우리 가족은 좋은 일도 있었고 나쁜 일도 있었어. 우리는 회사를 세웠어. 할아버지는 지역 사회의 기둥이었어. 엄마는 병원 이사로 일

했어. 하지만 힘든 일도 있었단다. 네 삼촌은 한 번 체포된 적이 있어. 한번은 불이 나서 집이 잿더미가 됐어. 아빠는 직장에서 해고됐어. 하지만 무슨 일이 있어도 우리 가족은 언제나 똘똘 뭉쳤단다."

이 기사를 읽으면서 희망이 생겼다. 집안 내력을 정직하게 이야기해서 자녀를 건강하게 양육할 수 있다면 나도 할 수 있는 일이다. 연습이 필요하고 용기를 내야겠지만 내가 할 수 있는 일이다. 마음이 놓였다. 정직이 친밀감의 열쇠라면 우리는 완벽하지 않아도 괜찮다. 더군다나 완벽한 척 꾸밀 필요도 없다.

지금까지 정직에 대한 이야기를 하고 나니 영화 〈오즈의 마법사〉의 한 장면이 떠오른다. 도로시와 친구들이 마법사와 마주치는 장면이다. 오즈를 다스리는 거대한 기계는 연기를 내뿜고 거기서 나는 목소리는 굵직하고 무섭다. 그런데 강아지 토토가 커튼 뒤에 숨어 있는 남자를 발견하고 사기꾼의 정체를 모두에게 폭로한다. 오즈의 마법사는 평범한 사람이다. 그는 자신보다 더 우월한 누군가로 행세했던 것뿐이다. 어떤 면에서 우리는 동정심을 느낀다. 결국 그는 오즈의 질서를 유지해야 하는데 모르는 것이 없고 완벽한 통치자로 행세하는 것보다 더 뾰족한 수가 있겠는가.

하지만 나는 그다음 장면을 가장 좋아한다. 그는 모두가 집으로 돌아갈 수 있게 착실하게 돕는다. 은신처 밖으로 나온 그는 평범한 사람으로 돌아왔지만 여전히 힘이 있다. 그에게는 진짜 힘이 있다. 그는 그들에게 용기를 주고 진짜 모습을 일깨운다. 사자에게 용기의 훈장을 주고, 허수아비에게는 생각학 학위를 준다. 양철인간은 째깍거리는 시계를 받고 심장은 몸에서 박동하는 부품 그 이상임을 깨닫는다. 마법사가 커튼 뒤에 숨어서 레버만 조작하고 있었다면 이런 만남과 소통은 전혀 이뤄지지 않았을 것이다. 사실이다. 우리가 가면을 쓰고 살면 주목은 받아도 소통할 수는 없다.

나는 〈오즈의 마법사〉의 이 장면에서, 내 친구 폴이 아이들에게 사과하고 용서를 빌었던 일을 생각한다. 폴은 커튼 뒤에서 나와 자신의 망가진 심장을 그대로 꺼내 아이들에게 줬다. 그렇게 그들은 만났고 가족은 치유되기 시작했다.

내 안에 작은 희망이 부풀고 있다. 나는 우리 애들이 나를 대단한 아빠로 여기지 않아도 나와 친밀하게 지냈으면 좋겠다.

아이들은 약점이 많은 아빠를 있는 모습 그대로 받아주고, 나도 아이들을 그렇게 인정하는 아빠가 되면 좋겠다.

건강한 가족을 만드는 일은 가능할 것 같다. 어쩌면 아이들에게 정말 필요한 건 단순한 것일지도 모른다. 그들에게 필요한 건 약점이 있어도 괜찮다는 것을 보여주는 누군가일지도 모른다.

13장

의미 있는 인생에 필요한 것들

나를 벳시에게서 빼앗을 수 있는 것이 있다면 아마 내 일일 것이다. 앞에서 말한 대로 나는 어릴 적부터 성공하지 않으면 아무도 나를 사랑하지 않을 것이라는 거짓말을 믿었다. 미국에서 자라는 아이들은 이런 거짓말에 쉽게 속는다. 나는 성공에 반대하지도 않고 성공을 추구하는 것을 즐기지만, 성공을 바라보다가 진정 친밀한 관계를 놓치기 십상이었다.

내가 삼십대에 결혼하지 못한 것은 여러 이유가 있지만, 돈을 벌고 인정을 받고 영향력을 가지고 싶은 마음을 포기할 수 없어서였다. 그런 것을 거머쥐면 아무도 나를 버리지 않을 것이라고 믿었다. 하지만 미친 일정에 따라 일을 했으니 건강한 인간관계란 불가능했다. 나는 작가로 성공하고 싶어서 겨울에 외딴 섬에 들어가 오두막에 머물며 혼자 책을 썼다. 사람들에게 사랑받기 위해 사람들을 완전히 등진 셈이다. 나는 앞뒤가 맞지 않는 불건전한 모순 속에 살고 있었다. 유명한 작가는 됐지만 의미 있는 삶을 찾지 못했다.

 그런 혼란이 몇 년 전부터 조금씩 변하기 시작했다. 아버지나 다름없던 한 남자의 추도사를 한 것이 계기가 됐다. 그는 내가 어린 아이였을 때부터 끊임없이 나를 격려했지만, 나는 그가 떠나고 나서야 비로소 그가 나에게 얼마나 큰 영향을 끼쳤는지 깨달았다. 나는 그의 장례식에 가서야 그가 날마다 남몰래 인생을 바쳐 건설한 거대한 제국을 목격했다.

 그의 이름은 데이비드 젠타일스, 내가 어릴 때 다녔던 교회의 목사님이다. 어머니는 강제로 나를 교회에 보냈는데 잘한 일이었다. 앞에서 말한 대로 나는 괴짜였고 데이비드 목사님은 나에게 관심을 보인 몇 안 되는 어른 중 하나였다.

내가 고등학생이었을 때 데이비드 목사님은 자신의 집에서 모이는 북클럽에 나를 끼워줬다. 우리는 아침 일찍 모여서 고전 문학을 공부했다. 나는 사람들에게 호감을 주려고 일주일 내내 책을 읽고 메모를 하며 준비해서 모임에 참석했다. 맨 처음 나에게 글재주가 있다고 말해 준 사람이 데이비드 목사님이다. 고등부 주보에 글까지 쓰게 했다. 그분이 용기를 주지 않았다면 나는 작가가 될 엄두를 내지 못했을 것이다.

데이비드 목사님은 비극적인 사고로 세상을 떠났다. 아이들은 아빠가 죽는다는 것을 상상하지 못한다. 그렇지 않은가? 우리는 사랑을 가르쳐 준 이들을 영원히 기억한다. 그들이 나눠 준 사랑은 그들이 하나님께 받은 사랑이며, 사랑이 죽음을 이긴다는 것을 우리는 직관적으로 안다. 나는 모르겠다. 여하튼 그가 나에게 얼마나 큰 안전망이었는지를, 우리를 무조건적으로 믿어 주는 사람이 우리 영혼에 얼마나 큰 자리를 차지하는지를 나는 몰랐다.

부음을 들었을 때 나는 포틀랜드에 살고 있었다. 나는 서둘러 비행기 표를 샀다. 일찍 오스틴에 도착해서 데이비드 목사님의 딸들과 그분이 부목사로 일했던 교회의 교인들을 만나고 싶었다. 목사님은 오래전에 이혼한 뒤 검소하게 생활했다. 중요한 자리를 제안하는 큰 교회들이 많았지만 오히려 작은 교회에서 목회했다. 여러모로 데이비드 목사님은 역행하는 삶을 살았다. 그는 성장하는 재능을 지녔지만 성공의 사다리를 올라갈 기회가 생길 때마다 일부러 내려갔다. 나는 그의 행동을 결코 이해하지 못했다. 그는 갈수록 작은 교회에서 일했고 갈수록 작은 역할을 맡았다.

텍사스 주에서 목사는 록 스타가 될 수 있다. 대형 교회 목사들은 대대적인 출판 계약을 하고 옥외 광고판에 사진이 걸리고 대통령의 자문에 응하고 아침 대담 방송에 출연한다. 나는 텍사스로 날아가는 비행기 안에서 데이비드 목사님은 왜 그런 길을 가지 않았는지 의아했다. 그는 언변이 뛰어났고 글도 잘 썼고 유명한 목사들보다 훨씬 더 매력적이고 인품이 훌륭했다.

검소하게 살았던 데이비드 목사님의 삶을 높이 평가한다고 말할 수도 있겠지만 사실 그렇지 않았다. 나는 세상이 그를 알아 주기 바랐다. 나만 그런 게 아니라 청소년 시절에 그의 가르침을 받은 사람들도 같은 생각이었다.

오스틴에 도착한 나는 장례식을 준비하는 교역자들을 만났다. 우리는 교회에서 유가족을 도울 방법에 대해 이야기하다가 데이비드 목사님이 남긴 재산이 거의 없다는 사실을 알고 깜짝 놀랐다. 사실 그는 지난 몇 년 동안 집을 빌려 살면서 머물 곳이 없는 사람들에게 남은 침실을 거저 쓰게 했다. 그가 탔던 낡은 트럭은 누구에게 주기도 미안한 상태였고 남긴 물건들은 파는 것보다 버리는 게 더 이득이었다.

다시 말하지만 나는 그가 선택한 삶을 존경한다고 말하고 싶다. 그러나 그가 돈을 좀 넉넉하게 지니고 쓸 만한 차를 타고 다니고 재능에 걸맞게 누릴 것은 누리고 살지 못한 것이 못내 아쉬웠다. 그는 방망이만 잡으면 언제라도 홈런을 칠 수 있는 강타자였는데도 야구를 할 생각조차 없었다. 나는 그에게 여러 번 책을 쓰라고 말했었다. 그는 글을 쓰기 시작하더니 싫증을 느끼고 흥미를 잃었다. 대신 중독자들을 돕는 재활 프로그램을 시작했다.

장례식 전날 나는 호텔에서 추도사를 썼다. 그날처럼 심하게 운 적은 없었다. 그를 추억하며 나는 세상이 아주 좋은 사람을 잃었다는 것을 깨달았다. 그런 친구를 만날 수 있는 사람은 많지 않다. 세상은 개인의 출세보다 사랑이 더 중요하다고 믿었던 조용하고 겸손한 남자를 잃었다. 적어도 나는 그가 옳았다는 것을 알았다. 그가 유명한 목사였다면 내 아픔은 절반으로 줄겠지. 그에게 받은 사랑 때문에, 내 가슴은 구멍이 나고 아팠다.

데이비드 목사님을 추억하며 그의 삶과 내 삶을 비교해 보게 됐다. 괴로웠다. 내 이름을 아는 사람은 많았지만 그의 인품을 아는 사람은 훨씬 더 많았다. 어느 편이 더 좋을지 생각했다. 사랑을 차지할 수 있는 것들을 소유한 편이 좋을까, 사랑 자체를 소유한 편이 좋을까. 데이비드 목사님은 사랑을 소유했다.

그다음에 일어난 일은 충격적이었다. 그가 목회했던 작은 교회에서 조문객을 다 수용할 수 없어 장례식을 마을 외곽에 있는 야구장에서 열기로 했다. 야구장에 도착해 보니 주차장에는 조문객들의 머리 위로 높은 안테나를 세운 뉴스 차량들이 와 있었다. 주차장에 빈자리가 없어서 사람들은 길가에 차를 세우고 입장했다. 교인이 백 명도 채 안 되는 교회에서 부목사로 일하다가 눈을 감은 한 남자의 장례식이었다.

나는 유가족과 함께 본루 가까운 곳에 앉아서 조문객들

을 바라보았다. 그 자리에 있는 내가 초라하게 느껴졌다. 내가 이룬 것이 보잘것없어 보였다. 사실이었다. 그날의 승자는 사랑이었다. 명예도 출세도 구하지 않은 한 남자에게 수천 명이 깊은 사랑을 받았다. 데이비드 목사님은 사람들의 관심을 끌기 위해 애쓰지 않았다. 그는 그들을 사랑했을 뿐이다.

이야기가 끝난 뒤에 느끼는 감정이 그 이야기의 좋고 나쁨을 보여주는 확실한 표지라고 생각한다. 엔딩크레딧이 올라가는데도 관객들이 극장을 떠나지 않으면 좋은 이야기다. 막 경험한 것에 대한 경의로 아무도 자리에서 일어나지 않는 것 같다. 내가 자리를 떠나지 않고 엔딩크레딧을 보면서 무엇을 느꼈는지 말해 보라고 한다면 고마움이라고 말할 것이다. 단지 이야기에 대한 고마움이 아니라 인생에 대한 고마움이다. 좋은 이야기를 보면 살아 있다는 것에 고마움을 느낀다. 인생은 때로 고통스럽기도 하지만 아름답고 마법 같기도 하기 때문이다. 데이비드 목사님의 장례식이 그랬다. 우리는 그를 떠나보내기가 고통스러웠지만 야구장에는 고마움의 기운이 가득했다. 장례식이 끝났지만 아무도 자리를 떠나지 않았다. 우리는 자리에 그대로 앉은 채 이야기했고 고마움을 나눴다. 단지 데이비드 목사님에 대한 고마움이 아니라 얼마든지 아름다울 수 있는 인생에 대한 고마움이었다. 인생에 대해 고마움을 느끼고 남들도 자신의 인생에 대해 고마움을 느끼도록 사는 것이 인생을 사는 이유가 아닐까 하는 생각이 들기 시작했다.

남들에게 멋진 인상을 주기 위해 애쓰는 대신 나는 사랑을 배워갔다. 그러면서 벳시와의 관계뿐 아니라 내 일에도 변화가 생겼다. 패러다임이 바뀌자 내 야망과 내가 인생에서 하고 싶었던 일이 바뀌었다.

어떤 면에서 내 생활은 작아졌다. 데이비드 목사님이 죽은 뒤, 망가졌던 내 정체성이 치유된 뒤, 관계는 더욱 중요해졌다.

나는 지난 10년 동안 혼자 일했지만 데이비드 목사님이 이룬 것을 본 뒤 사무실을 임대하고 직원들을 채용했다. 몇 년 동안 진행해 온 컨퍼런스를 키우기 위해 팀을 만들었다. 하지만 내가 이런 일을 시작한 이유는 사람들과 같이 있고 싶어서였다. 나는 공동체가 필요했다.

물론 책을 쓰는 일은 방해를 받았다. 책을 쓰려면 글쓰기에만 몰두해야 한다. 사업과 글쓰기를 동시에 하기란 어렵다. 하지만 상관하지 않았다. 수입과 영향력은 줄었지만 나는 직원들과 함께 지내면서 서서히 변해 갔다. 나는 더 많이 변하고 싶었다.

어느 비즈니스 컨퍼런스에 참석한 날 문득 이런 생각이 들었다. 효율적인 경영 원칙들이 쓸모 있긴 해도 나에게는 맞지 않는 것 같았다. 나는 같이 일하는 직원들이 자신을 조직의 부품으로 느끼게 하고 싶지 않았다. 나조차도 부품 취급 받는 것은 싫었다. 분명히 다른 식으로 사업을 할 수 있었다.

그래서 나는 방으로 돌아가 선언문을 썼다. 우리 회사의 존재 목적은 고객에게 최고의 서비스를 제공하면서 직원들이 꿈을 이룰 수 있게 돕고 공동체 안에서 서로 성품의 함양을 자극하는 것이라고. 나는 또한 사랑에 대해, 서로 사랑하기 위해 회사에서 일하는 것은 잘못된 것이 아니라고도 적었다.

이튿날 아침이 되자 잔뜩 겁이 났다. 선언문은 너무 감상적인 것 같았고, 내 생각을 들은 직원들이 나에게 실망할 것 같았다. 가짜 영웅 행세를 하는 것은 아닌지, 선심성 공약은 아닌지 내 동기를 다시 점검했다. 다른 건 몰라도 이것만은 확실했다. 내가 원한 것은 단순한 회사가 아니었다. 뭔가 다른 것을 원했다. 돈을 벌기 위해서만 회사를 경영

하고 싶지 않았다.

이튿날 저녁, 나는 컨퍼런스에 같이 참석한 팀장들에게 내가 작성한 핵심 가치들을 공개했다. 숙소로 빌린 집 거실에서 팀장들과 둘러앉아 선언문을 조목조목 살피면서 사업을 남다르게 해보자고 제안했다. 회사를 유지하려면 돈을 벌어야 하지만 회사의 존재 목적은 돈을 버는 것이 아니라 건강한 공동체를 세우는 것이어야 했다.

아무도 말을 하지 않았다. 나는 팀장들이 이 핵심 가치를 어떻게 받아들일지 확신할 수 없었다. 그때 한 사람이 침묵을 깨더니 내 제안이 아름답다고 말했다. 또 한 사람은 자기가 늘 하고 싶었던 일이 바로 그런 일이라고 말했다. 또 한 사람은 소문이 나면 입사 지원자들이 회사 앞에 장사진을 칠 텐데 더 좋은 사람이 나타나더라도 자기를 내보내지 말라고 말했다. 우리는 웃었다.

컨퍼런스를 마치고 사무실로 돌아온 뒤 그래픽 디자이너는 핵심 가치를 포스터로 만들었다. 우리는 각자가 전문가로서 이루고 싶은 꿈을 실현할 수 있는 힘이 있다는 것을 믿었다. 우리는 우리가 하는 일이 고객뿐 아니라 서로에게도 영향을 준다는 것을 믿었다. 우리는 비난보다 은혜를 믿었고 공동체 안에서 도전을 받으면 누구나 훌륭한 사람이 될 수 있다고 믿었다. 갑자기 우리는 단순한 회사에서 새롭고 더 좋은 문화 공동체가 됐다. 우리 회사는 새롭게 탄생한 가족을 먹여 살리는 전초 기지가 됐다.

물론 결과는 예상했던 대로였다. 회사는 부쩍 성장했다. 직원들은 누구보다 먼저 사무실에 출근하고 가장 늦게 퇴근하고 싶어 했다. 서로를 위해 일하는 것은 즐거웠다. 직원들은 보수를 넉넉히 받지만 돈을 벌기 위해서만 일하려 하지 않는다. 사랑하는 공동체를 세우고 유지하기 위해 일하기 원한다. 우리가 각자의 꿈을 공유하자, 나는 더 이상 내 목표를 위해 일하지 않았다. 공동의 꿈으로 함께 엮인 팀에 공헌하기 위해 일했다.

데이비드 목사님을 떠나보낸 무렵 나는 빅터 프랭클이 쓴 《죽음의 수용소에서》를 읽었다. 프랭클은 빈에서 프로이트와 동시대를 살았던 성격 이론가다. 하지만 프랭클과 프로이트는 달랐다. 프로이트는 쾌락을 인간의 원초적 욕구로 단정했다. 인간은 날마다 눈을 뜨면 안락이나 쾌감을 추구하며 살아간다는 것이다. 프랭클은 인간이 정말 바라는 것은 의미를 깊이 경험하는 일이라고 말하면서 프로이트의 주장에 반박했다. 인간은 자신의 경험에서 감사를 느끼고 목적 의식,

사명 의식, 소속감을 느끼기 위해 살아간다는 것이다.

프랭클은 이어서 인간이 추구하는 건 쾌락이 아니라고, 인간은 의미를 찾지 못할 때에만 쾌락을 추구한다고 말했다. 그는 의미를 느끼지 못하는 인간은 자신을 쾌락으로 마비시킨다고 주장했다.

프랭클의 이론은 그 자체로 충분히 흥미롭지만, 나는 그의 이론에서 친밀한 관계를 배우는 데 큰 도움을 받았다. 그리고 갈채를 받고 싶어 하는 내 이기적인 야망을 결코 이룰 수 없다는 것을 알았다.

프랭클은 의미에 대한 감각은 실존적인 것으로, 아름다움을 인식하는 것이나 고마움을 느끼는 감정과 마찬가지로 우리를 관통한다는 이론을 세웠다. 그는 우리가 의미를 느낄 수 있는 인생을 만들어 갈 수 있다고 믿었다. 의미를 깊이 경험하기 위한 그의 처방은 매우 실용적이다. 그는 세 가지를 제안했다.

1. 아침에 이불을 박차고 일어날 이유가 될 수 있는, 되도록 남들에게 이로운 일을 하라.
2. 인생의 난관을 구원의 관점에서 보라. 곧 역경에도 목적이 있음을 인식하라.

3. 당신을 조건 없이 사랑하는 사람(들)과 삶을 함께하라.

프랭클은 이런 치료법을 로고테라피logotheraphy, 곧 의미치료라고 불렀다. 놀랍게도 이것은 효과가 있었다. 빈의 병원들은 자살하는 환자가 너무 많아지자 프랭클을 정신건강의학과 총괄 책임자로 임명했다. 프랭클이 합류할 당시 자살을 막아야 할 환자가 3만 명이 넘었다. 막중한 임무였다.

프랭클은 환자들을 도울 상담가를 모집했다. 환자들이 세상에 기여할 수 있다는 생각으로 아침에 병상에서 일어날 수 있는 중요한 일을 찾으라고 상담가들을 교육했다. 프랭클은 또한 환자들에게 그들이 겪은 고통을 상기하고 슬픔을 느끼게 했다. 그리고 그들에게 고통의 유익한 점을 찾아보라고 청했다.

이 프로그램의 성과는 획기적이었다. 프랭클이 책임자로 일하는 동안 자살한 환자는 단 한 사람도 없었다.

빅터 프랭클 이야기를 꺼낸 것은 데이비드 목사님의 가르침을 비롯해 벳시와의 연애, 작은 회사를 통해 만들어간 새로운 공동체 덕분에 의미를 깊이 경험했기 때문이다. 나는 갈채를 좇는 고립된 작가에서, 절대적인 지원을 아끼지 않는 공동체의 팀원으로 점점 바뀌어 갔다. 나는 스스로 로고테라피를 받았고 치료는 효과가 있었다.

나는 깊은 의미를 경험하지 시작했다. 고개를 숙인 채 배꼽을 관찰하는 울적한 남자가 될 시간은 없었다. 직원들이 나를 필요로 했다. 고객에게 제공할 콘텐츠를 생산해야 했고 회사가 지향하는 비전을 제시해야 했다. 나는 이기적인 남자친구가 될 수도 없었다. 벳시에게 해야 할 일이 있었고 내가 책임을 소홀히 하면 벳시의 인생은 즐거울 수 없었다. 나는 필요한 존재였다.

얼마 전 나는 성경에서 예수님이 제자들을 위해 기도하시는 본문을 읽었다. 예수님은 제자들이 스승의 가르침대로 서로 사랑하길 기도하셨다. 그분은 제자들이 스승과 더불어 경험한 대로 다른 사람들도 서로 사랑하는 공동체를 만들도록 가르치는 사명을 이어 가길 기도하셨다. 그날 나는 그 본문을 조금 다르게 읽었다. 그분은 제자들을 희생의 삶으로 부르신 게 아니었다. 그분은 제자들을 의미의 삶으로 부르셨다. 그 의미는 고통을 수반할 것이다. 구원의 의미가 있는 고통은 결국 고통이랄 수 없다.

돌이켜 보면 데이비드 목사님이 왜 그토록 많은 것을 바쳐서 일했는지, 세상의 인정은 받지 못했지만 왜 정말 중요한 일에서 우뚝 서게 됐는지 이해할 수 있을 것 같다.

그는 내가 이제 겨우 경험하기 시작한 것을 평생 추구했다. 의미를 깊이 느끼는 삶을.

14장

남자는 친밀감을 느끼는 방식이 다를까?

얼마 전 이런 말을 들었다. "남자들은 무엇이든 자신이 유능하다고 느껴지는 일을 하려고 한다." 나는 듣자마자 고개를 끄덕였다. 내가 아는 모든 남자는 힘으로 좌지우지할 수 있는 일을 하려고 했다. 그 일이 회사 업무라면 퇴근을 미루고, 운동이라면 체육관을 떠나지 않는다. 문제는 사람을 친밀하게 사귀는 일을 잘한다고 생각하는 남자가 드물다는 거다. 그래서인지 남자들은 모여서 얘기할 때 사랑하는 사람들과 사이가 좋은지 나쁜지는 말하지 않는다.

그래서 하는 말인데, 흔히들 생각하듯이 남자들은 친밀함에 서툴지 않다. 그것은 전통적인 여자들의 방식, 곧 대화와 느낌을 나누는 방식을 남자들에게 강요하기 때문이다. 남자들에게는 정말 그런 일이 맞지 않는다. 이 책을 쓰는 것조차 나에게는 쉽지 않은 일이다. 특별히 쓰기 힘든 책이어서가 아니라 계속해서 내 느낌을 말하는 것이 힘들기 때문이다. 글을 쓰려고 앉으면 누군가가 영혼에 대해 진지한 대화를 나누자고 할 때처럼 막막하다. 가끔은 괜찮지만 늘 그렇게 살고 싶지는 않다.

그런데 나이가 드니 그런 감정이 꼭 나쁘지만은 않다. 모든 인간은 독특한 존재이기에 젠더에 관한 일반화는 위험이 있다. 그런데 소통하는 방식에 대해서는 여자와 남자가 다르다고 말해도 될 것 같다. 남자는 친밀감을 나누는 방식이 여자와 다르며, 그래도 괜찮다고 나는 생각한다.

벳시와 내가 친밀감을 느끼는 방식이 다르다는 것을 알기 전, 나는 내가 말을 하기 싫을 때도 있다는 사실이 기분 좋지 않았다. 지금은 내가 그런 성격이 아니고 특별히 그런 일을 잘할 필요도 없다는 것을 잘 안다. 그런 일을 전혀 하지 않는다는 말은 아니다. 나도 내 감정에 대해 말할 때가 있다. 그렇게 하지 않으면 벳시와 소통할 수 없기에 감정을 나누는 일은 중요하다. 다만 어색하게 여기저기에서 감정을 표현하고 다니지는 않는다.

나만 친밀감이란 주제가 어색한 것은 아니다. 내가 아는 남자들은 대부분 그렇게 느낀다. 문제는 실제로 남자들은 친밀감을 멋지게 나누는데 그렇지 않다고 잘못 믿도록 조장하는 풍토다. 나는 이런 혼란이 남자들을 괴롭히고 있다고 믿는다.

몇 년 전 아버지의 역할과 건강한 가족에 대해 연구하는 행정부 프로젝트에 합류한 적이 있다. 우리는 워싱턴 디시에서 모였는데 나는 거기에서 미국의 가정을 파괴한 주된 원인이 산업혁명이란 것을 알게 됐다. 가정과 농장을 떠나 공장에서 일하게 된 남자들은 자신의 존재 가치를 아내와 자녀들의 안녕을 책임지는 일에서가 아니라 제조업의 효율과 생산성에서 찾게 됐다. 산업혁명은 놀라운 방식으로 세상에 기여했지만 사회 발전에 어느 정도 악영향을 준 것도 사실이다. 아이들을 건강하게 기르는 일은 여자들 몫이 됐다. 사람들은 더 이상 밭에서 식량을 수확하지 않고 가족과 떨어져 일하는 아버지가 번 돈으로 식품을 구입했다. 몇 세대가 지나자 가족 관계의 친밀감은 의사들이 독점하기 시작했다.

나는 이것 때문에 남자들이 두 세대에 걸쳐 정체성의 위기에 빠졌다고 생각한다. 남자들은 절박하게 자신의 가치를 발견하고 입증하려 한다. 그래서 직업을 통해 강한 남자가 될 수 있다고 생각하는 유혹에 잘 빠진다. 애석하게도 남자들이 힘을 추구하는 여정에서 자녀는 혼란을 일으키는 걸림돌 취급을 받기 십상이다. 그런데 이렇게 해야 정체성을 인정받을 수 있다고 믿는 남자들 중에는 건강하지 못한 사람이 많다. 그들은 외롭고 절박한 신세로 떨어진다. 내가 그랬던 것처럼 늘 서너 여자들을 번갈아 만나고, 일에 집중하지 못할까 봐 한 사람에게 헌신해서 만족할 생각은 전혀 못 하는 남자가 수두룩하다.

요즘에는 그렇지 않은 남자들이 눈에 띈다. 벳시를 만나면서 그들을 알아보는 눈이 생긴 건지도 모른다. 하지만 사실이다. 세상에는 좋은 남자들이 있다.

작년에 나는 경영 코치 대니얼 하커비를 고용했다. 내가 창업한 회사는 18개월 만에 세 배로 성장했다. 이런 성장가도에서 나는 도움이 필요했다. 대니얼은 일과 생활의 균형을 잡고 싶어 하는 사람들을 돕는 빌딩챔피언스Building Champions를 운영한다. 솔직히 내가 그를 고용한 이유는 회사를 다시 세 배로 성장시키고 싶어서였다. 순전히 이기적인 동기로 대니얼을 고용했고 그의 도움을 받으면 해낼 수 있을 것 같았다.

대니얼을 세 번째로 만난 날, 회의가 끝나자 그는 아들과 한잔하는 데 같이 가자고 했다. 그의 아들은 갓 대학을 졸업하고 영화계 일을 찾고 있다. 우리는 영화 이야기도 하고 영화계에 들어가기가 참 어렵다는 이야기도 했다. 문득 나는 대니얼 부자 사이에서 오가는 뭔가를 발견했다. 일종의 격려 같은 것으로, 등을 두드려 주는 것보다 더 깊고 의미 있는 뭔가가 있었다. 대니얼은 아들에게 그가 누군지 말하고 또 말했다. 대니얼은 나를 보며 아들의 재능이 얼마나 뛰어난지, 아들이 얼마나 용기 있는지 칭찬했다. 아들이 했던 여행, 뛰어들었던 모험, 갈고 닦은 재능에 대해 이야기했다. 또 이야기 중간에 자신의 아내가 얼마나 건강한 사람인지, 요즘 유행하는 건강식품에 대한 철학을 이미 10년 전부터 갖고 있었다는 말도 빠뜨리지 않았다. 대니얼은 분명 가족에게 친절하고 사랑이 넘치는 남자였다.

팀을 지도하는 코치처럼 남편과 아빠의 역할을 수행했다. 문득 나는 대니얼이 무슨 일을 하고 있는지 알았다. 그는 뭔가를 건설하고 있었다. 그는 가족의 마음속에 뭔가를 건설하고 있었다. 나는 그런 관점이 점차 마음에 들었다. 나도 뭐든지 건설하는 것을 좋아한다.

대니얼과 같이 일하면서 한 가지 놀란 점이 있다. 회사를 일으킬 시점에 왔을 때 우리가 맨 처음 검토한 것은 사업 계획이 아니었다. 우리는 인생 계획에 대한 이야기부터 했다. 대니얼은 나에게 관계가 건강하지 않으면 실패할 것이라고 말했다. 그는 자기 밑에서 일하는 코치가 30명이 있고 그들이 수십억 달러 가치가 있는 회사 중역 수백 명을 코치하는데, 지금껏 관계가 건강하지 못한 사람치고 성공을 유지한 사람은 한 사람도 없었다고 말했다.

"벳시와 결혼하면 어떤 부부가 되고 싶습니까?"

"그게 무슨 말이죠?"

"돈이 바라는 결혼생활은 어떤 것입니까?"

나는 내가 어떤 결혼생활을 바라는지 한 번도 생각해 본 적이 없었다. 사업 계획과 브랜드 전략, 나아가 내 인생 계획은 오랫동안 꼼꼼하게 세워 보았지만 벳시와 나의 관계에 대한 미래상을 그려 본 적은 한 번도 없었다. 대니얼은 다음에 만날 때는 앞으로 5년 동안 벳시와 함께 만들어 가고 싶은 결혼생활이 어떤 것인지 간단하게 써 오라고 했다.

이 말을 듣고 나는 친구 앨 앤드루스와 했던 대화를 떠올렸다. 앨은 내쉬빌에서 상담가로 일한다. 어느 날 나는 앨과 같이 차를 타고 가면서 한 주 전에 어떤 여자를 만난 일을 털어놓았다. 만나지 말았어야 할 여자였다. 그녀는 남편과 사이가 좋지 않아 나에게 지나치게 기대는 편이었는데 나는 그게 기분이 좋았다고 말했다. 나는 현명하고 친절한 상담가가 된 기분이 좋았지만 동시에 현명하지 못한 처신이고 잘못된 행동이라는 느낌도 들었다. 앨은 가만히 고개를 끄덕였다. 비난하는 기색은 조금도 없었다. 마침내 장황한 고백이 끝나자 앨은 말했다. "돈, 모든 관계는 목적론적이야."

나는 '목적론적'이란 게 무슨 말이냐고 물었다.

"어딘가를 향해 간다는 뜻이야. 모든 관계는 살아 있고 움직이고 뭔가로 변해. 내가 묻고 싶은 건 이거야. 그 여자와 시작한 관계가 어디로 가고 있는 것 같아?" 앨의 목소리는 사뭇 진지했다.

나는 답을 즉시 알 수 있었다. 좋은 쪽으로 가고 있지 않왔다. 몇 달 후 나는 그 유부녀의 대화 상대이자 대리 남편이 될 것이고, 남자인 나는 그녀와 육체 관계를 가질 공산이 크고, 그러면 불륜에 빠진 베스트셀러 작가가 될 것이다. 결말은 분명하고, 모든 사실을 밝힐 날이 오면 나는 내가 원한 일이었다고 말하겠지. 나는 그녀를 더 이상 만나지 않았고 그녀가 남편과 잘 지내고 있다는 소식을 마지막으로 들었다. 내가 솔직해지지 않았다면 나는 한 가정을 파괴했을 것이다.

대학 때 테니스를 배웠다. 코치는 우리가 연습할 때마다 타성에 젖으면 실력을 기를 수 없다고 주의를 줬다. 그 말은 연습을 하지 않으면 실력이 나빠진다는 뜻이었다. 관계도 마찬가지다. 우리는 관계를 세우고 양분을 주고 길러야 한다는 것을 이해하지 못하고 사람을 상투적인 반응으로 대한다.

대니얼이 나에게 결혼생활의 미래상을 적어 보라고 한 것은 그 방향에 책임을 다하라는 뜻이었다. 나는 상투적으로 사람을 대하는 잘못을 해 왔다. 친구 관계, 사업 관계, 벳시와의 관계조차도 건강하게 만들기 위해 노력하지 않고 흘러가는 대로 방치했다.

그 무렵 나는 한 경영 연수에 참가하게 되었다. 강의와 세미나가 종일 이어졌기 때문에 벳시와 통화할 수 있는 시간은 밤에 잠깐밖에 없었다. 하루는 밤에 골프장을 걸으면서 벳시와 통화하고 있었다. 어떻게 지내는지 이야기하고 있는데 벳시가 잔뜩 긴장한 것 같았다. 벳시는 평소 같으면 짜증을 내지 않을 일에 짜증을 냈다. 나에게 뭔가 화가 난 것 같기도 했다.

우리는 격정적인 커플이 아니다. 벳시는 갈등을 푸는 솜씨가 기가 막힌다. 나는 그런 벳시에게 평생 덕을 입을 것이다. 여하튼 나는 내 잘못을 깨닫지 못한 채 전화를 끊었다. 비난받고 무시당한 기분이었다.

이튿날 나는 90일 사업 계획을 세우는 워크숍에 참석했다. 강사는 우리에게 어떤 양식을 나눠 주고 팀의 단결을 꾀하고 모든 팀원의 생산성을 높이기 위한 것이니 작성해 보라고 말했다. 나는 3분 만에 완성했다. 그런데 문득 어떤 생각이 떠올랐다. 나는 강사에게 양식을 하나 더 받아서 사업이란 단어를 지우고 결혼이라고 적었다. 그러고는 우리 결혼생활의 미래 선언을 작성했다. 나는 우리 결혼이 회복적인 것이기를 바랐다. 벳시와 함께 실천할 수 있는 핵심 가치 몇 개를 써 내려갔다. 우리는 계산하지 않는 부부가 될 것이다. 누가 누구에게 빚이 있는지 생각하지 않겠다는 뜻이다. 나는 사람들이 찾아와서 회복되는 가정, 벳시와 내가 안전하고 편안하게 느낄 수 있는 가정을 만들겠다는 목표를 세웠다. 좋은 가구를 장만하겠다는 것이 아니다. 무슨 일 때문에 우리 사이에 금이 가더라도 회복할 뜻을 버리지 않겠다는 것이었다. 돈을 쓸 때는 언제나 우리가 구입하는 물건이 우리를 회복하고 남들을 회복하는 데 도움이 될지를 점검하겠다고도 썼다. 우리 결혼은 모두 회복을 위한 일이 될 것이다.

나는 이 문서를 사진으로 찍어서 벳시에게 이메일로 보냈다. 내가 계획한 결혼생활에 대해 어떻게 생각하는지 묻고 고치고 싶은 부분이 있으면 말해 달라고 했다. 나는 어떤 계획이든 크게 개의치 않았지만 계획이 없으면 성공할 가능성이 줄어든다는 것을 알 만큼 인생을 살았다.

벳시에게 사진을 보낸 뒤 나 자신이 멍청하게 느껴졌다. 벳시가 원하는 것은 소통인데 나는 관계가 무슨 사업인 것처럼 결혼생활 계획이나 보내고 있었다. 그런데 놀랍게도 벳시는 금방 답장을 보냈다. 벳시는 행복해했다. 벳시는 안도했고 고마워했다.

나중에 다시 벳시와 이야기를 해보니, 약혼 이후 벳시가 느끼는 불안에 대해 내가 무심했다는 것을 알았다. 벳시는 워싱턴 디시를 떠나 뉴올리언스로 갈 것이고 두 달 뒤 우리는 결혼한다. 벳시는 8년 동안 같이 지낸 공동체를 떠난다. 직장, 가구, 일상, 은행 계좌, 자매나 다름없는 훌륭한 룸메이트들과 헤어진다. 벳시는 무엇 때문에 이 모든 것을 떠나는가. 사랑에 빠진 어떤 남자, 친구들이 읽었다는 책을 쓴 어떤 작가 때문에 이 모든 것을 떠난다. 벳시는 앞으로 어떤 변화가 있을지 전혀 알 수 없었다. 나를 따라서 가는 곳이 어딘지 전혀 몰랐다. 벳시는 겁에 질려 있었다.

나는 아무 계획 없이 사무실에 출근하는 법이 없다. 회사의 리더는 회사가 어디로 가고 있는지, 직원들의 역할이 얼마나 중요한지 알고 있어야 한다. 결혼은 사업보다 훨씬 더 중요한 일이다. 그런데도 아무 계획 없이 결혼을 앞두고 있었다는 것을 나는 믿을 수 없었다. 나와 벳시 사이에서 일어난 일을 돌아보니 원동기 면허를 따기 위해 강습을 들으면서 배운 교훈이 생각난다. 강사는 문제가 생길 때는 스로틀을 당겨서 속도를 내면 오토바이의 균형을 다시 잡을 수 있다고 자주 강조했다. 전방에 오토바이를 세울 안전한 장소를 찾기가 여의치 않으면 속력을 높여서 오토바이의 균형을 잡으라고 말했다. 오토바이는 힘을 받으면 스스로 균형을 찾는다.

벳시와의 관계에서 필요한 것도 그와 같았다. 우리는 불안과 갈등의 순간이 오면 지평선의 어떤 곳을 정해서 그곳을 향해 움직여야 한다. 가족이 가야 할 곳을 함께 정해서 속력을 높이고 꿈을 향해 노력하면 좋은 가정을 만들 수 있지 않을까. 관계도 계속 움직여야 스스로 균형을 찾는다. 그러기 전에는 목적지 없는 로드트립과도 같다. 앨이 옳았다. 관계는 목적론적이다.

벳시는 어릴 적부터 친밀한 공동체에서 제 역할을 하는 남자들을 보고 자랐다. 벳시는 칠남매 중 장녀이며 벳시의 가족은 대화와 소통을 중요하게 여겼다.

나는 추수감사절 저녁에 벳시의 가족을 처음 만났다. 벳시가 명절에 남자를 집으로 데리고 온 적이 한 번도 없었기 때문에 그들은 들떠 있었다. 벳시는 차고 진입로에서 나를 맞이했고, 우리는 집 뒤편으로 걸어갔다. 뉴올리언스에서 폰처트레인 호수 위로 뻗은 긴 고속도로를 가로지르는 북쪽 연안에서 조금 떨어진, 숲으로 뒤덮인 널찍한 곳이었다. 칠남매는 모두 어른이 됐다. 한 남동생은 공군 조종사이고 여동생들은 큰 보험회사에서 전문직으로 일한다.

맨 아랫동생 둘은 대학교 졸업을 앞두고 있었다. 말했듯이 벳시는 칠남매의 장녀이고 부모님도 모두 대가족 출신이다. 식구들로 넘치는 집이다. 행복한 가족이었다.

우리는 잠시 대화를 나눴다. 나중에 알게 된 사실인데 벳시는 내가 도착하기 전에 가족에게 대화 규칙을 엄격하게 정했다. 내가 쓴 책과 정치에 관한 이야기는 금지했고 적어도 그날만큼은 장래 계획에 대한 질문도 절대 금물이었다. 남동생들이 큰누나를 많이 괴롭혔었던 것 같다. 대화는 다행히 순조로웠다. 몇 시간 뒤 우리는 뒤뜰의 널찍한 데크에 접이식 식탁을 펼치고 대가족이 쓸 접시와 냅킨을 준비했다. 마당에서 꽃을 꺾어서 식탁을 꾸몄다. 초인종이 울리기 시작했다. 그리고 족히 한 시간은 계속 울렸던 것 같다. 식사 기도를 할 때 식탁에 앉아 있던 식구가 50명이 넘었고, 모두들 벳시가 선택한 남자가 누군지 궁금해했고, 부인들은 남편이 지나친 질문을 한다 싶으면 옆구리를 꼬집었다.

남자가 드문 집에서 자란 나는 식탁마다 아내 곁에 남편이 앉아 있는 모습이 낯설었다. 아이들이 징징대면 아빠들이 저마다 번쩍 들어서 안아 주었다. 벳시의 할아버지가 식사 기도를 했고 아버지가 칠면조를 잘랐다. 사냥,

사격 불발, 낡은 고기, 뒤집힌 배에 대한 이야기가 오갔다. 남자들은 씩씩했고 여기들은 우아했다. 식사를 마친 후 뒤뜰에서는 배구를 하고 앞마당에서는 미식축구를 했다. 장년팀과 청년팀으로 나누어 맞붙었는데 청년들이 시합은 이겼는지 모르지만 장년팀은 걸걸한 입담으로 청년들 기를 죽였다. 입심이 대단했다.

내가 왜 벳시를 사랑하게 됐는지 알 것 같았다. 벳시의 아름다움과 인내심, 지혜가 어디서 왔는지 알 수 있었다. 우리 사이에 갈등이 생겨도 정중함을 잃지 않고 적절한 때를 기다렸다가 문제를 해결하는 벳시의 태도를 이해할 수 있었다. 벳시가 원하는 것은 내가 벳시를 존중하고 보호하는 것임을 이해할 수 있었다. 벳시가 바라는 것은 내가 관계와 화해, 함께 살아갈 공동체에 마음을 쏟는 것임을 이해할 수 있었다. 벳시는 이런 토양에서 성장했다.

결혼을 앞두고 결국 나는 뉴올리언스로 가서 살았다. 나는 그 토양에 깊이 뿌리를 내렸다. 벳시 가족은 친구에게 캠핑트레일러를 빌려 집에서 200미터쯤 떨어진 곳에 갖다 놓았다. 나는 결혼 전 6주 동안 캠핑트레일러에서 살았다. 벳시의 집에서 화장실을 쓰고 샤워를 했지만 밤이 되면 트레일러 뒷문에서 툭 튀어나온 희한한 텐트 속 침대로 돌아갔다. 나는 밤이면 루시와 침대에 누워 우리가 무슨 짓을 한 걸까 생각했다. 비가 오면 텐트에 손을 대고 밖에서 떨어지는 빗방울을 느끼면서 내가 벳시의 가족만큼 좋은 가족을 꾸릴 수 있을까 생각했다.

그 6주 동안 결혼생활의 기초를 배웠다. 벳시의 아버지 에드는 관계의 힘을 믿었다. 그는 그 지역의 꽤 큰 기업 부사장이었는데 퇴직 후 집에서 할 수 있는 사업을 시작했다. 그는 인맥을 잘 관리하고 고객에게 최선을 다하는 성공한 기업인이었다. 하지만 그는 일을 하며 만난 사람보다 자신에게 진정한 힘을 주는 가족과 친구를 더 소중하게 여겼다.

가장 멋진 일은 지금부터 이야기하려고 한다. 얼마 전 벳시의 부모님은 15개월 된 아기를 입양했다. 그들은 그 아기가 태어났을 때부터 위탁 부모 역할을 했는데 정이 들자 입양을 결정했다. 막내가 벌써 대학생이었지만 아기가 딸처럼 느껴져 다시 아기를 기르기로 했다. 쉬운 결정은 아니었다. 그러나 아기는 이미 가족의 일원이 됐고 그들은 아기를 떠나보낼 수 없었다.

솔직히 다른 식구들보다 그 아기에게 배운 것이 훨씬 더 많다. 모든 것은 내가 처음에 말했던 주제로 돌아간다. 나는 친밀감을 원했지만 갈채를 받는 것으로 대리 만족했다. 그 아기도 그랬다. 쭈글쭈글한 빈데 같은 아기는 울음과 웃음을 번갈아 방출했고 사람들이 안아 주면 늘 상대의 코를 만졌다. 아기는 혼자 있는 것을 견디지 못했다. 아기는 관심을 받아야 했고 관심을 받지 못하면 목청이 터져라 울었다. 그래서 주전자라는 별명을 얻었다.

성인이 됐는데도 관심을 독차지하지 못하면 못 견디는 사람들이 있다. 그들은 마치 그 갓난아기처럼 상대의 얼굴을 만지고 눈을 보면서 말한다. 나를 좀 봐. 내가 여기에 있어. 내가 보여? 내가 중요한 사람이야? 나를 위해 희생할 수 있어?

그런데 벳시 부모님 집에서 지낸 6주 동안 아기는 눈에 띄게 차분해졌다. 이제 큰소리로 울지 않았고 자주 울지도 않았다. 아기는 현관 베란다의 난간을 잡고 걸으면서 세상을 탐색했다. 때로는 자기가 사람들의 관심을 독차지하고 있지 않다는 사실조차 잊은 채. 사랑은 아기를 치유하고 있었고 아기는 사랑 덕분에 변하고 있었다. 아기는 사랑을 받을 뿐 아니라 모두가 궁금해하는 질문을 똑같이 묻는 사람들을 사랑할 줄 아는 아이로 자랄 것이다. 우리는 모두 궁금해한다. 내가 중요한 사람이야? 나를 위해 희생할 수 있어?

벳시네 집은 그런 질문에 대답할 수 있는 가장 건강한 가정일 것이다. 그 집은 사람들이 들락거리는 회전문이나 다름없다. 주말이면 아이들이 놀러왔고 친척들도 자주 방문했다. 벳시의 아버지는 인간관계를 무척 소중하게 여긴다. 내가 있는 동안에는 가까운 곳에 있는 수련장을 빌려서 인간관계 전문 강사를 초빙했다. 집안 모든 아이가 수련회에 참석했고 친구들도 스무 명쯤 왔다. 누가 이런 일을 한단 말인가. 가족과 친구들과의 관계를 증진하기 위해 자체적으로 수련회를 여는 집이라니.

관계에 대한 이야기는 감상적인 분위기를 만들어 억지로 눈물을 짜내게 하지 않느냐고 생각할 수도 있겠지만 그렇지 않았다. 도리어 벳시의 식구들은 저마다 인생에 필요한 기본적인 활력을 얻었다. 벳시의 남매들은 원만하게 지냈다. 그들은 건강했고 자신이 속한 곳에서 영향력을 발휘했다. 가족다운 가족이었다. 그들은 가족으로서 해야 할 일, 곧 방치해서 기를 수도 있는 아이들을 대인 관계에 능하고 자족하여 남들에게 베풀고 더 나은 세상을 만들 수 있는 성인으로 길러내는 일을 하고 있었다.

벳시는 정말 대단한 여자였다. 이걸 알게 된 후 나는 어떤 책임감을 느끼고 있었다. 나는 더 이상 신께서 나를 강하고 부하고 유명하게 만들기 위해 보이지 않게 일하신다고 믿지 않는다. 이제 나는 주위에 있는 사람들을 위해 뭔가 기여하고 건강한 관계가 자랄 수 있는 환경을 만들어야겠다고 생각한다.

나는 친밀감과 가정이 어떤 감성이라기보다 프로젝트 같다고 해도 싫지 않다. 이것을 프로젝트로 볼수록, 의미 있게 만들어 갈 일로 볼수록 나는 더욱 신이 났다. 앞에서 말한 대로 남자는 세우고 만들고 힘을 느끼는 것을 좋아하는데, 그 일을 건강한 방식으로 하지 않으면 대개 해로운 방식으로 하게 된다. 나는 풍요롭고 건강한 관계의 제국을 보고 있었고 나도 그런 제국을 세우고 싶었다.

밤이면 나는 가족과 어울린 뒤에 내 숙소로 걸어가서 그들이 차양 밑에 파 놓은 구덩이에 불을 피웠다. 루시는 불가에 누워서 연못으로 물을 마시러 가는 다람쥐 같은 동물이 없는지 두리번거렸다. 벳시 아버지는 잠들기 전에 나를 찾아와서 위스키를 한잔 하곤 했다. 우리가 불가에 앉아 있던 어느 날 밤, 그는 불에 대해 이런 말을 했다. 불 속에서 땔나무들을 꺼내 바깥에 버려 두면 한 시간도 못 돼 불꽃은 사라진다고. 불에서 떨어진 땔나무들은 차갑게 식는다고. 무슨 이유인지 불타오르기 위해서는, 따뜻해지기 위해서는 땔나무들도 서로가 필요하다고 그는 말했다.

그는 별다른 뜻 없이 불 이야기만 했다. 하지만 나는 마당 너머에 있는 집을 보면서 벳시의 부모님이 이룬 것이 얼마나 아름다운지, 그 불꽃을 유지하기 위해 그들이 얼마나 열심히 노력했을지 깨달았다. 나도 그들처럼 내 불꽃을 일으키고 싶었다.

15장

당신은
나를 완전하게
하지 못한다

젊었을 때 본 영화 〈제리 맥과이어〉가 생각난다. 이 영화에서 제리 맥과이어가 도로시 보이드에게 "당신이 나를 완성시켜"(You complete me)라고 말하는 장면은 유명하다. 그 장면은 대유행을 일으켰고 커플들은 커피숍이든 술집이든 장소를 가리지 않고 서로에게 그 대사를 고백했다. 나 역시 그 말이 아름답다고 느꼈다. 하지만 나이가 들고 철이 드니 그

관계를 다르게 부르게 되었다. 그것은 공의존이다.

온사이트에 가기 전까지 나는 공의존에 내해 전혀 몰랐고, 그 말뜻을 알고 나서도 내가 그 상태에 빠져 있다는 사실을 몰랐다. 하지만 나는 공의존에 빠져 있었고 관계는 하나둘 깨져 갔다.

공의존은 다른 사람에게 인정이나 안정을 지나치게 구할 때 생긴다. 나는 이제 공의존이 무엇인지 알기에 그것을 쉽게 찾아낸다. 상대가 나를 좋아하는지, 내 이메일에 응답하는지 따위에 집착하는 것은 심각하진 않아도 공의존 증상이다. 스토킹은 이러한 경향성의 더 끔찍한 버전이다.

사랑에 중독된 친구가 하나 있다. 그는 이 여자 저 여자 쫓아다니면서 여자들을 숨 막히게 만들어 관계를 망가뜨린다. 그는 여자에게 아무리 큰 사랑을 받아도 마음에 뚫린 구멍을 채우지 못한다는 사실을 깨닫지 못한다.

온사이트에서 우리 모임의 심리치료사는 멋진 시각 자료로 건강한 관계란 어떤 것인지 보여줬다. 그녀는 베개 세 개를 바닥에 나란히 놓더니 나와 또 다른 친구에게 가운데 베개를 비워 두고 각자 양쪽 베개 위에 서 보라고 말했다. 그녀는 내 베개를 가리키면서 말했다. "돈, 그것은 돈의 베개고 돈의 인생이에요. 그 베개 위에 서 있는 사람은 돈뿐이에요. 다른 사람은 아무도 없어요. 그것은 돈의 영역이고 돈의 영혼이에요." 그러고는 내 친구의 베개를 가리키면서 그 베개는 그의 베개이고 그의 소유이며 그의 영혼이라고 말했다. 이어서 심리치료사는 가운데 베개는 관계를 상징한다고 말했다. 그녀는 우리 두 사람이 관계를 맺기로 동의하면 언제든지 가운데 베개에 발을 올릴 수 있다고 했다. 하지만 상대의 베개에 발을 올리는 것은 어떤 경우에도 부적절한 행동이라고 했다. 상대의 영혼에서 일어나는 일은 내가 관여할 일이 아니란 것이다. 내가 전적으로 책임져야 할 것은 다른 누구의 영혼도 아닌 내 영혼이다. 가운데 베개에 대해 내가 물어야 할 질문은 "나는 관계에서 무엇을 원하는가?"이다. 두 사람이 함께 디디고 있는 베개, 곧 그들의 관계가 원만하다면 더할 나위 없이 좋다. 하지만 원만하지 않다면 그 자리를 떠나든지 내가 가운데 베개에서 원하는 것이 무엇인지 상대에게 설명하고 상대도 같은 관계를 원하는지 확인하면 된다. 하지만 절대 상대를 변화시키려 해서는 안 된다고 그녀는 말했다. 나 자신을 알고 관계에서 내가 원하는 것을 알되 남들에게도 자기답게 살 자유를 주라는 것이다.

이걸 이십대에 들었으면 좋았을 텐데. 나는 얼마나 많은 여자들의 베개를 짓밟았던가 그들을 비며 보려고 말이다. 그리고 그들이 나를 어떻게 평가하는지, 나를 얼마나 좋아하는지, 내가 충분히 괜찮은 남자인지 골몰하느라 잠 못 이룬 밤이 얼마나 많았던가. 전부 시간 낭비였다.

한번은 우리 모임의 심리치료사와 상담을 하다가, 내가 이런저런 행동을 했다면 내가 만나고 있던 여자는 이런저런 생각을 했을 것이라고 말했다. 그녀는 상담을 중단하고 왜 다른 사람의 생각에 연연하느라 시간을 낭비하느냐고 반문했다. "그런 생각은 당신을 미치게 만들어요, 돈. 자신에게 그냥 나는 행복한지, 인간관계에서 원하는 것은 무엇인지 물어봐요. 그렇게만 해요. 남들이 무슨 생각을 하는지는 돈이 관여할 일이 아니에요."

나는 갑자기 다른 사람의 영혼을 훔쳐보기 좋아하는 변태가 된 기분이 들었다. 동네를 돌아다니면서 다른 영혼들의 창문을 들여다보며 그들이 안에서 무엇을 하는지 훔쳐보는 관음증 있는 사람 말이다. 내가 수십 년 동안 습관처럼 했던 행동을 생각하니 갑자기 소름이 끼쳤다.

어떤 면에서 이것이 바로 벳시 이전에 만났던 여자들의 관계와 벳시와의 관계가 달랐던 점이다. 어떤 베개가 내 것이고 어떤 베개가 벳시의 것인지 알기에 나는 벳시를 옥죄지 않는다. 벳시는 떠나고 싶으면 떠날 수 있다. 나는 내 건강과 행복에 책임을 져야 하고 관계에서 무엇을 원하는지 알아야 하며 벳시가 가운데 베개를 편안하고 안전하게 느끼게 만들 책임은 있지만, 내가 할 수 있는 일은 그것이 전부다. 물론 우리는 결혼식장에 나란히 서서 부부로서 서약하겠지만, 결혼을 한 뒤에라도 배우자를 구속하면 사랑은 더 이상 자라지 않을 것이다.

그래서 기분이 좋다. 전에 사귀었던 여자들과 달리, 나는 벳시가 어디에서 누구를 만나는지 궁금했던 적이 한 번도 없다. 벳시의 전화기를 검사한 적도, 벳시의 페이스북을 뒤진 적도 없다. 벳시의 인생은 벳시의 인생이고 내 인생은 내 인생이다. 우리가 함께 공유하는 것은 관계다. 나는 이것이 정말 좋다.

오해하지는 마시라. 나는 내가 만난 그 어떤 여자보다 벳시를 사랑하고 내 사랑은 변치 않을 것이다. 하지만 이것은 건강한 사랑이지 과거의 빈곤한 사랑이 아니다. 전에는 내가 누구를 사랑하면 그녀를 떠나지 못하게 조종했다.

대개 소극적인 조종이었지만, 언제나 같았다. 나는 두려움과 가책 수치심을 이용해 여자친구의 마음을 옥죄었다. 단 한 번의 예외도 없이 사랑이 자랄 수 없는 환경을 만들었다.

상대를 구속한 이유는 두 가지였다. 첫째는 나의 옛 상처를 씻기 위해 여자들을 이용한 거다. 둘째는 누군가는 나를 완전하게 만들어 주리라는 애초부터 잘못된 생각이었다.

여자들을 이용해 옛 상처를 씻으려던 내 모습을 보니 공의존 성향이 어디서 왔는지도 알게 됐다. 하빌 헨드릭스 박사가 쓴 《연애할 땐 Yes 결혼하면 No가 되는 이유》(프리미엄북스 역간)를 읽으면서 무릎을 쳤다. 제목이 주는 느낌과 달리 매우 분석적인 책이었는데 헨드릭스의 이론은 내게 깊은 감명을 줬다. 그 책의 핵심은 우리가 무의식적으로 1차 양육자들의 부정적인 기질에 끌린다는 것이다. 어릴 적에는 부모, 손위 형제자매, 조부모뿐 아니라 교사들까지도 우리의 기초적인 생존을 좌우했다. 즉 부모와 조부모의 기분을 상하게 하면 음식과 보금자리, 사랑은 위태로워진다.

그 후 나이가 들어 어린 시절 1차 양육자들과 같은 부정적인 기질을 가진 누군가를 만나면, 우리는 무의식적으로 그 사람을 아직 매듭지지 못한 일이 남아 있는 엄마나 아빠로 인식한다고 한다. 말 그대로 우리 뇌는 이 낯선 사람에게 애착을 느끼고 자신의 부정적인 성격을 고치면 안정을 얻을 거라고, 음식이나 보금자리, 사랑에 대해 다시는 걱정할 일이 없을 것이라고 생각한다. 그래서 간섭이 심한 어머니 밑에서 자란 남자들은 간섭이 심한 여자들에게 끌리고, 폭력적인 아버지 밑에서 자란 여자들은 자신을 비슷하게 대하는 남자들에게 반한다. 실은 조금 슬픈 이론이다.

이상하게 들리겠지만 이것은 합리적인 이론이다. 나는 평생 내가 자라면서 봐 왔던 익숙한 행동을 보이는 여자들에게 매력을 느꼈다. 게다가 이번에 연애를 잘 하면 오랜 상처가 치유될 것이라는 깊은 의식을 열정과 사랑으로 착각했다. 즉 여자들을 사랑하는 마음보다 내면에 망가진 뭔가를 고치기 위해 그들을 이용하려는 마음이 더 컸던 거다. 터무니없는 욕구 때문에 나는 그들이 나를 떠날까 무서워 그들의 베개를 사정없이 짓밟았다.

이런 역동을 알고서 재미있게도 내 인간관계의 체질이 변하기 시작했다. 나는 내가 어떤 사람에게 왜 끌리는

지 알 수 있었고, 무의식에서 축포가 터지든 말든 그와 건강한 관계를 맺은 수 있을지부터 판단했다. 대부분은 그럴 것 같지 않았다. 어느덧 나는 누구든 상처받기 전에 떠날 수 있는 힘이 생겼다. 머지않아 오랜 연애 습관이 거의 사라졌다. 나는 과거에 끌렸던 부류의 여자들에게 더 이상 매력을 느끼지 못했다.

이상하게도 상대가 1차 양육자들의 부정적인 기질을 보일수록 우리는 관계에 더 큰 열정을 느낀다고 헨드릭스는 주장한다. 처음에는 슬픈 현실의 일면을 말하는 것 같았지만, 점차 우리가 자주 사랑으로 착각하는 원초적 감정에 숨어 있는 기만을 들여다볼 수 있었다. 나는 30~40년이 흘러도 여전히 행복한 부부들을 만나 보았다. 그들 중 열정과 분노를 오르락내리락하는 감정의 롤러코스터를 타는 사람은 없었다. 그들이 서로 사랑하는 것은 의식적인 의지의 행동이었다. '사랑'이 그들의 고삐를 잡고 있는 것이 아니라 그들이 사랑의 고삐를 잡고 있었다.

그래서 벳시와 사랑에 빠지는 데 시간이 조금 더 걸렸던 것 같다. 벳시에게는 내가 과거에 무의식적으로 끌렸던 부정적인 기질이 보이지 않았다. 연애 초기에는 식탁 맞은편에 앉아 있는 눈부시게 아름다운 벳시를 보면서, 사랑을 느낄 수 없는데 연애를 잘할 수 있을까 생각하기도 했다. 문득 애초에 벳시를 잘 알지 못해서 사랑을 느끼지 못하는 것은 아닐까라는 생각도 들었다. 연인들이 첫눈에 사랑에 빠질 수 없다는 말은 아니다. 다만 그 사랑이 조만간 찾아올 현실의 냉정함을 피할 수는 없다는 뜻이다. 이 사람, 사랑이란 관계를 이어나갈 성품과 절제력이 있을까? 내가 느끼는 것은 진짜 열정일까, 지난 상처를 씻으려는 열망일까?

시간이 흐르자 감정이 점점 깊어졌다. 그런데 옛날처럼 집착하지는 않았다. 존중하고 감탄하고 매력을 느꼈다. 벳시는 완주에 필요한 모든 것을 갖춘 듯했다. 벳시는 아름답고 기품 있고 강인하고 친절했다. 갈등을 푸는 능력이 뛰어났고 사람을 조종하는 재주는 전무했다. 사실 내가 벳시를 진심으로 사랑하게 된 데는 아주 실제적인 이유가 있다. 내가 지상에서 건강한 관계를 맺을 수 있는 여자는 벳시밖에 없다는 것을 깨달았기 때문이다. 설령 다른 여자가 있다 해도 만나고 싶지 않았다.

마침내 건강한 관계를 맺을 수 있었던 또 다른 패러다임 전환은 신학적인 것에서 비롯됐다. 내 마음에는 다른 사람이 결코 해결해 줄 수 없는 무의식적인 갈망이 있었다. 친밀한 배우자를 바라는 간망은 벳시가 확실히 해결해 줄 수 있지만, 내가 말하는 것은 그보다 더 중요한 것이다. 그것을 신에 대한 갈망이라고 생각하는 사람들은 뭔가를 알고 있다. 그러나 나는 살아 있는 동안에는 우리가 그 갈망을 결코 만족시킬 수 없을 거라 생각한다. 모든 사람은 결코 이룰 수 없는 갈망이 있다. 우리는 그저 그 갈망 안에서 살아가고 숨쉬고 고통받을 뿐이다. 인격 수양의 길이다.

나는 교회에서 사람의 마음에는 예수님으로만 채울 수 있는 구멍이 있다는 말을 듣고 자랐지만, 나이가 들어 스스로 예수쟁이가 됐을 때도 마음은 채워지지 않았다. 그분은 내 갈망을 해결해 주지 않으셨다. 나는 너무 실망해서 믿음을 저버릴 지경까지 갔다.

그러다가 나는 성경에서 훗날 천국에서 혼인식이 열린다는 것과 우리가 하나님과 재회한다는 것을 읽었다. 성경은 양과 함께 누워 있는 사자, 말끔히 씻길 우리의 눈물, 평화를 이루는 중재자와 지혜와 인애로 다스리는 왕의 모습을 아름답게 묘사한다. 말은 드문드문 흩어져 있고 때로 모호하지만 틀림없이 우리가 하나님과 연합하는 때가 되면 인간의 영혼 안에 있는 뭔가가 치유되고 완전해질 것이다. 많은 사람이 따르는 싸구려 기독교와 진짜 기독교를 구별 짓는 것은 예수님은 지상에서 그런 완전함을 결코 허락하지 않으신다는 것이다. 그분은 우리가 천국에서 경험하게 될 은유적 결혼식이 있을 때까지 자신을 믿고 따르라고 당부하실 뿐이다.

이런 생각을 할수록 성경을 더 잘 이해할 수 있었다. 초기에 예수님을 따르던 사람들은 고통과 시련과 좌절을 겪었다. 낭만적이랄 수 없는 삶이었다. 하지만 그들은 갈망을 품은 채 서로 위로하고 보살피고 격려했다.

나는 극심한 고통을 겪는 사람이 그토록 많은 이유가 신에 대한 갈망을 잘못 다루기 때문이라고 생각한다. 사실 나 역시 그런 갈망을 여자를 통해 해결하려고 했기 때문에 관계 초기에 미숙한 실수를 했던 것 같다. 연인에게는 절대 이런 부담을 지워서는 안 된다. 두 사람이 서로에게서 예수를 짜내려고 애쓰다 산산이 부서진 관계가 얼마나 많을까.

벳시와 나는 일찍부터 이런 잘못된 관계에 대해 이야기하면서 우리는 그런 실수를 하지 말자고 다짐했다. 우리는 상대방이 채워 줄 수 없는 해결되지 않는 갈망을 각자 느낄 것을 알았다. 우리는 이런 현실을 긍정적으로 받아들이

기로 했다. 상대의 깊숙한 상처를 치유해 주지 못했다고 서로 원망하고 분노할 수 없었다. 이것은 수락하고 전소된 여러 인간관계와 우리 관계가 다른 점이었다.

나는 결혼식 전야에 가족과 친구들에게 이런 생각을 설명하려다가 분위기를 망칠 뻔했다. 백 명이 넘는 하객이 리허설 디너에 참석했다. 마지막 축배를 드는 자리에서 나는 가족과 친구들 앞에 서서 벳시와 나는 서로를 완전하게 만들 수 없을 것 같다고 고백했다. 이것이 얼마나 이상한 말인지 짐작하지 못했지만 하객들은 숙연한 얼굴로 내가 파혼을 선언하기라도 하는 것처럼 가만히 나를 쳐다봤다.

나는 우리 관계가 건강한 건 서로에게 터무니없는 기대를 하지 않기 때문이라고 서둘러 해명했다. 몇몇 여자들은 세상에서 가장 로맨틱하지 않은 남자를 보는 눈빛으로 나를 봤다. 벳시는 나를 보면서 웃었다. 나는 분위기를 수습하기 위해 훗날 하나님이 우리의 가장 깊은 갈망을 채워주실 것이라고 더듬더듬 말했다. 나는 늘 어떤 갈망을 느꼈고 그건 궁극적인 인정을 바라는 갈망이었다고, 그리고 나보다 훨씬 더 큰 무엇, 즉 아름다운 바다나 웅장한 산맥에서 느낄 수 있는 무엇과 하나가 되고 싶었다고 말했다.

나는 늘 그런 갈망을 느꼈고 벳시도 그런 갈망이 있다고 말했다.

"벳시와 저는 그런 갈망을 상대에게 요구하지 않도록 최선을 다할 겁니다. 그 대신 우리는 그런 갈망을 품은 채 서로 위로하고 그 자체를 사랑할 겁니다. 훗날 하나님은 약속하신 대로 우리의 갈망을 채워 주실 겁니다."

얼마나 많은 하객이 내 말을 제대로 이해했을지 모르겠다. 벳시와 내가 서로를 채워 줄 수 없다고 생각한다면 애당초 결혼을 왜 하는지 의아하게 여긴 사람들도 있었을 것이다. 하지만 그 질문에 대한 내 대답은 간단하다. 우리는 둘 다 그런 갈망을 나눌 수 있는 사람을 얻었다.

두 사람이 스스로 채우지 못한 갈망을 해결하기 위해 상대를 이용하지 않고 그 갈망을 품은 채 서로 꼭 끌어안는 것 말고는 사랑을 지켜 갈 더 건강한 방법이 없을 것 같다.

갈망이 있어도 괜찮다. 그 갈망은 아름답다. 다만 더 이상 나 혼자서 갈망하고 싶지는 않다. 그 갈망을 벳시와 나누고 싶다.

16장

느린
죽음과
부활

어떤 이들에게는 친밀한 사람이 되는 일이 몸무게를 50킬로그램쯤 빼는 것만큼이나 힘들다. 오래된 습관을 버려야 하고, 상대의 비위만 맞춰서는 안 된다. 진실을 말해야 하고, 일상의 진짜 사랑에서 만족을 찾아야 한다. 결혼식이 있던 해에 나는 20킬로그램 정도는 뺐지만 여전히 갈 길이 멀었다. 그런데 결혼식 몇 달 전에 희망적인 일이 있었다.

내가 글을 쓰러 떠난 사이 벳시는 치펑투 강Tchefuncte River 기슭에 오랫동안 방치된 듯한 컨트리클럽을 결혼식 장소로 정했다. 벳시는 가격은 적당하지만 손볼 데가 많다고 전화로 말했다. 나는 벳시에게 왜 그런 완벽하지 않은 곳에서 결혼식을 하려고 하느냐고 물었고, 벳시는 "완벽하다는 건 보기 나름"이라고 대답했다. 벳시는 그곳에 가족의 추억이 깃들어 있다고 했다. 골프장 옆에 조부모님 집이 있었고 벳시 어머니는 댄스홀 뒤편 수영장에서 수영을 하면서 자랐다. 벳시는 그저 장소로서가 아니라 이야기를 담아 그곳을 묘사했다. 벳시는 백 년 된 참나무가 보이는 수영장 옆 널찍한 공간에서 결혼식을 하면 된다고 했다. 수영장 가장자리를 따라 강으로 낮고 길게 떠 있는 선창까지 쭉 등불을 켜 놓을 것이라고도 했다. 나는 보트를 타고 결혼식장을 떠나자고 말했고 벳시는 꼭 그렇게 하자고 맞장구를 쳤다.

내가 뉴올리언스로 돌아오자 벳시는 나를 데리고 결혼식 장소로 갔다. 우리는 차를 타고 구불구불한 길을 따라 마을로 들어갔다. 600평 대지에 자리잡은 집들의 경계는 참나무 고목들을 보호하기 위해 반듯하게 구획되어 있지 않았다. 낡은 클럽 입구의 높은 콘크리트 기둥에는 고딕풍 조각상이 붙어 있었다. 잿빛 담장 위로 참나무들이 줄지어 서 있고, 우리가 지나가자 차바퀴 밑으로 참나무에서 떨어진 나뭇가지들이 부서지는 소리가 들렸다. 컨트리클럽으로 들어가는 대문은 부서진 채 열려 있었고, 한때나마 입구를 굳건히 지키던 시절을 자랑하는 듯 대문은 육중한 몸체를 주차장에 기대고 있었다. 그곳을 차로 둘러보며 오랜 역사를 느낄 수 있었다. 벳시가 왜 우리 결혼식을 그 역사에 잇대고 싶어 하는지 알 것 같았다. 강 건너편에서 자라는 나무들은 거인들의 숲처럼 장대했다. 뉴올리언스에서 가장 멋진 곳이었다. 그곳에 사는 유령들은 사근사근할 것 같은 느낌마저 들었다. 심지어 주차장에 있는 이끼 덮인 참나무 고목은 길고 부드러운 수염을 휘날리는 노인처럼 보였다.

하지만 안뜰로 들어가자 마음이 확 바뀌고 말았다. 상황은 벳시가 말했던 것보다 더 나빴다.

벳시는 조용히 걸었다. 자기가 본 것을 나도 보길 바라면서. 하지만 나는 벳시가 본 것을 볼 수 없었다. 콘크리트의 갈라진 틈새로 잡초가 자랐고 화단 옆으로 부서진 벽돌이 수북이 쌓여 있었다. 높다란 참나무 주변의 벤치는 널빤지가 듬성듬성 빠졌고, 벳시의 어머니가 어린 시절에 놀앉다는 수영장은 흙빛으로 변해 있었다. 수영장에 다가가 보니 메기만 한 올챙이가 쏜살같이 물 한가운데로 달아났고, 거북이 시커먼 물속으로 비스듬히 사라지며 수면을 향해 발길질을 했다.

나는 놀란 표정을 숨기고 머릿속으로 계약을 어떻게 해지할지 궁리했다. 실망했다고 말하고 싶지 않아서 벳시의 생각을 물었다. 벳시의 발걸음은 느리고 목소리는 부드러웠다. 벳시는 수영장은 물론 깨끗이 치울 거라고 했다. 수영장과 댄스홀 사이에 천막을 치고 사람들이 편하게 앉아 있을 수 있게 히터를 설치하겠다고 했다. 큰어머니가 가지고 있는 등불 백 개로 수영장 주위와 선창에 이르는 길을 밝힐 거라고 했다. 벳시는 우리가 결혼 서약을 할 자리를 보여줬다. 우리를 마주하고 앉아 있을 하객들 뒤로 참나무 고목이 서 있고 그 나무 너머로 강물이 굽이돌아 먼 곳으로 흘러가고 있었다. 벳시는 참나무 뒤로 해가 지면 매제가 여기에 앉아 기타를 칠 것이라고 했다. "자기 어머니가 여기서 기도를 하시고 매트와 밥도 이 자리에서 사회를 볼 거야."

나는 손볼 데가 너무 많다고 말하고 싶었다. 하지만 내가 벳시에게 배운 게 있다면 절대 호들갑을 피울 이유는 없다는 것이다. 벳시는 여왕 같은 기품으로 극적인 상황을 유연하게 잠재운다. 내 얼굴에서 근심을 읽어 낸 벳시는, 여기가 어떤 곳이었고 우리가 사랑을 가지고 조금만 노력하면 다시 어떻게 변할 수 있을지 친절하게 설명했다. 벳시는 어린 시절에 수영복 살 돈이 없었던 큰이모부 이야기를 해줬다. 큰이모부는 수영복 대신 청 반바지를 입은 채 수영을 했고 여자아이들은 그 모습을 보고 킬킬 웃었다. 오랫동안 큰이모부는 수영장의 상처를 지니고 살았다. 하지만 그 여자아이 중 하나와 결혼한 뒤 자신감을 회복했다. 그 말을 듣고 나는 웃었다. 이야기 하나로 장소에 대한 관점이 바뀌는 게 재미있다.

하객들, 주례사를 할 밥, 우리가 태어나기 전부터 반려자를 위해 기도했을 양가 부모님을 생각하니 이곳을 포기하기가 아까웠다. 벳시와 결혼하기까지 기적이 필요하지 않았던 적이 있었나. 기적을 한 번 더 경험해 보는 것도 좋지 않을까.

벳시는 기대 어린 눈으로 나를 바라봤고 나는 여기서 결혼하자고 마지못해 동의했다. 벳시는 다가와 내 어깨에 머리를 기대고 손을 잡았다. 우리는 가만히 서서 수영장 너머로 사라지는 해를 바라보았다. 벳시가 어린 시절의 아름다운 추억을 떠올리는 동안, 나는 부랑자들이 수영장을 화장실로 사용했을 것만 같아서 코를 킁킁거렸다.

우리가 그곳을 다시 찾아갈 때마다 수영장 물은 조금씩 빠지고 있었고, 잡초는 눈에 띄게 사라졌다. 지저분하게 쌓여 있던 것도 한 무더기씩 치워져 있었다. 기적이 일어나야 한다는 사실은 여전했지만 우리가 살고 있는 이야기의 열매가 현실 세계에서 열리기 시작하는 것을 볼 수 있었다. 뭔가가 새롭게 변하고 있었다.

나도 그 이야기에 사로잡혔다. 벳시가 컨트리클럽 관리인이나 결혼식 코디네이터와 상의하고 있을 때 나는 불현듯 이 모든 것의 깊이를 감지했다. 내가 감지했다고 표현한 건 이런 감정을 합리적으로 설명할 길이 없기 때문이다. 다만 때로 우리가 우연히 현실의 창호지에 아주 작은 구멍을 내면 반대편에서 빛나는 뭔가가 판에 박힌 우리의 어두운 생활을 드러낸다고 설명하면 될까. 컨트리클럽에 갔다가 눈물을 보이고 싶지 않아서 벳시와 코디네이터에게서 떨어져 있어야 했던 적이 한두 번이 아니다.

내 친구 앨 앤드루스의 말이 옳았다. 관계는 목적론적이다. 모든 관계는 어딘가를 향해 가면서 우리를 변화시킨다. 나는 더 좋은 사람, 더 새로운 사람으로 변하고 싶다. 벳시가 결혼식 장소에서 하고 있는 일은 우리 관계가 나에게 하고 있는 일과 같았다. 이야기를 살아가는 것 말고 사람을 바꿀 수 있는 방법이 또 뭐가 있는가. 갖기 어려운 무언가를 향해 기꺼이 도전하지 않는다면 그것이 무슨 이야기겠는가.

여자는 남자와 결혼하지만 남자는 적당한 시기가 되면 결혼한다는 말을 들은 적이 있다. 완전히 틀린 말은 아니다. 내 독신 생활의 때가 저물지 않았다면 나는 사람을 친밀하게 사귈 노력을 하지 않았을 것이다. 하지만 때가 이르렀고 나는 준비가 됐다.

요즘은 결혼생활을 하기가 그 어느 때보다 힘든 시절이다. 우리는 옛날보다 더 많은 기적이 필요하다. 남자들은 철이 훨씬 늦게 들고 건강하지 못한 습관을 들인다. 나는 결혼 케이크와 출장 뷔페, 신랑 들러리들이 맬 넥타이를 고르면서도 결혼생활이 힘들 것이라는 점을 거의 의심하지 않았다. 물론 결혼생활은 즐겁겠지만, 작가인 남편은 혼자 있는 것을 좋아하고 아내는 사람들을 대접하길 좋아하는 사교적인 사람이라면 이야깃감이 된다. 그리고 그 이야기는 전부 갈등에 관한 것이다.

인물과 그 인물이 원하는 것 사이에는 노력이 있다. 나는 노력했다. 아니, 적어도 노력하기 시작했다. 옛 자아는 친밀감을 나눌 수 있는 새로운 자아 속에서 서서히 죽어갔다. 아마 이런 느린 죽음과 부활은 평생 계속될 것이다.

사랑이 동화처럼 이뤄진다는 말을 더 이상 믿지 않는다. 그보단 농사와 같다. 농부는 아침에 일찍 일어나 땅을 일구고 비가 오길 기도한다. 그런데 부지런히 일하면 어느 날 곡식이 지평선까지 끝없이 펼쳐져 있는 것을 보게 된다. 나는 이것이 기적보다 더 낫다. 나는 복권에 당첨되느니 돈을 벌겠다. 이야기의 끝에 오지 않는 보상은 아무 감흥이 없기 때문이다.

수영장은 이제 깨끗해졌다. 거북은 강으로 돌려보내고 올챙이는 그물로 건져 냈다. 새 수영장처럼 보이게 하려고 압력 세척을 공들여 했다. 컨트리클럽 관리인은 호스를 고딕풍 분수대 뒤로 숨겨서 분수가 정상적으로 작동하는 것처럼 보이게 했고, 우리는 하객들이 참나무 주변의 망가진 벤치에 앉지 못하게 그 위에 등불을 얹어 놓았다. 마침 묘목장을 운영하는 벳시의 작은이모부 찰리가 나무와 관목을 잔뜩 가지고 왔고 벳시의 남동생들은 그것들로 부서진 벽돌이나 페인트가 벗겨진 곳을 가렸다. 벳시의 다른 큰이

모부는 선창에 배를 댔고 아주머니들은 배에 웨딩 장식을 했다. 내 들러리들과 벳시의 남동생들은 배가 떠날 때 축포를 쏘겠다며 폭죽을 사서 선창에 설치했다. 사람들이 사랑의 이야기를 거드는 모습을 보면 감격스럽다. 두 영혼이 하나가 되는 데 그만한 희생은 가치가 있다는 인식은 보편적인 것 같다.

내 친구 존은 결혼하기까지 아주 오랜 시간이 걸렸다. 그는 9년 연애 끝에 결혼했다. 결혼하고 싶지 않아서 그랬던 것은 아니다. 그는 늘 아내와 결혼하고 싶었다. 다만 특별한 느낌이 들 때까지 기다렸다. 두 번이나 약혼 반지를 사러 보석 가게에 들어갔지만 공황 발작을 일으키고 엉금엉금 기어 나와 가슴을 움켜쥐어야 했다. 결국 심리치료사 친구가 그를 붙잡고 사랑은 결심하는 것이라고, 사랑은 우연히 다가오는 것만큼이나 의지적으로 다가가는 것이기도 하다고 얘기해 줬다. 존은 독신생활과 결혼생활 모두 이점이 있지만 끝내 아내와 함께 있고 싶다는 것을 인정했다. 그는 결혼하기로 결심했고, 결혼식 날이 가장 행복했다고 말했다.

나도 그렇게 느꼈다. 우리의 결혼은 내가 어둠을 지나 광명을 찾은 멋진 모험의 끝이었다. 물론 훨씬 더 험난한 모험의 시작이기도 하다. 내가 가진 믿음의 가르침에 따르면 영혼들이 사랑으로 연합하는 길에는 반드시 십자가의 길이 있다. 거기에는 결혼에 대한 은유가 있다.

나는 줄곧 남자는 여자를 구조해야 한다는 말을 들어 왔지만 그날은 내가 누구를 구조한다는 느낌이 들지 않았다. 구조받은 사람이 있다면 그것은 바로 나였다. 인간관계에 끔찍이도 서툴렀던 나는 두려움과 불안에서 구조받았다. 고립된 생활에서, 동화 같은 사랑을 뒤쫓았던 환상에서 구조받았다. 벳시만 나를 구조한 것이 아니었다. 하나님과 내 친구들, 심리치료사들, 사랑이 이기는 것을 보고 싶어 했던 사람들도 나를 구조했다.

결혼식 약 한 시간 전에 밥이 내 어깨를 잡고 나를 보면서 말했다. "돈, 너는 인간관계를 참 잘한단 말이야." 나는 밥의 말이 정말 맞는지 지금도 잘 모르겠다. 나는 해야 할 일이 많다는 것과 결혼생활이 어렵다는 것을 안다. 하지만 이번에는 그 어느 때보다 진짜처럼 들렸다. 나는 정말 더 나은 사람이 됐다.

그게 이 책의 핵심이다. 인간은 결코 완벽한 사랑을 이루지 못해도 그것에 가까워질 수는 있다는 말은 옳다. 가까워질수록 우리는 더 건강해진다. 사랑은 누가 이기는 게

임이 아니라 즐겁게 살아갈 이야기일 뿐이다. 러브 스토리에 한 장을 더하겠다는 것, 그 장에 좋은 이야기를 담겠다는 것은 고귀한 야망이다.

우리는 러브 스토리가 세상에 영향을 줄 수 있다는 것을 깊이 생각해 보지 않지만 러브 스토리는 세상에 영향을 줄 수 있다. 아이들은 어른들이 살아가는 이야기를 관찰하면서 무엇을 위해 살고 무엇을 위해 목숨을 바칠지 배운다. 나는 우리 아이들에게 가슴 떨리는 친밀감과 용기를 알려 주고 싶다. 사랑은 대가를 치를 가치가 있다고 말해 주고 싶다.

결혼식에서 있었던 나머지 일들은 기억이 흐릿하다. 천막을 향해 몸을 기울이고 결혼식을 지켜본 참나무 노인의 수염과, 가족과, 친구들의 빛나던 얼굴과, 드레스를 입고 컨트리클럽 문을 열고 안뜰로 들어오던 벳시는 또렷이 기억한다. 세상의 찢어진 창호지 틈으로 비치는 특별한 광채처럼 반짝이던 벳시는 보기 드문 은혜의 빛이었다.

내 마음은 고마움으로 가득하다.

감사의 말

나와 함께 친밀감을 향한 끝없는 여행을 하며 '블랙박스'에 비견할 만한 인간의 사랑에 과감히 투자한 아내 벳시 밀러에게 고마운 마음을 전한다. 또한 벳시의 멋진 가족, 밀텐버거 가에도 감사의 마음을 전한다. 벳시의 부모님 에드와 로리에게 감사드린다. 그들이 떠난 모험은 산이나 바다가 아닌 가족이었다. 두 분은 고독한 정복자가 꿈꿨던 것보다 훨씬 더 깊고 넓고 높은 것을 세웠고, 그 덕분에 우리는 큰 복을 누리고 있다. 또한 안전함이라는 선물을 준 어머니에게 감사한다. 어머니가 아니었더라면 나 자신을 공개하고 내 이야기를 세상에 전하는 일을 편하게 느끼지 못했을 것이다.

많은 친구들이 자신의 이야기와 지혜를 빌려줬다. 폴과

킴 영, 마크와 존과 팀 포먼, 헨리 클라우드, 존 카튼 리치먼드, 마샬과 제이미 올먼, 데이비드 젠타일스와 따님들, 앨 앤드루스, 밀텐버거 가, 하빌 헨드릭스 박사, 대니얼 하커비, 벤과 일레인 피어슨, 존과 테리 맥머리 모두에게 감사의 마음을 전한다.

이 책을 쓰는 데 편집자들에게 큰 도움을 받았다. 조엘 밀러, 제니퍼 스테어, 헤더 스켈튼에게 감사한다. 그들이 끈질긴 노력으로 원고의 오류를 바로잡아 준 것은 더 없이 소중한 일이었다. 또한 토머스넬슨의 마케팅·홍보팀에게도 고마운 마음을 전한다. 벨린다 배스와 채드 캐넌을 비롯한 팀원 전체에게 감사한다. 또한 원고를 꼼꼼하게 읽고 귀중한 피드백을 해준 샤우나 니퀴스트, 책을 세밀하게 읽고 여백에 100페이지가 넘는 조언을 써 준 훌륭한 출판 에이전트 브라이언 노먼에게 감사한다. 고맙고 또 고맙다.

지금까지 오랫동안 함께 일해 온 출판인 브라이언 햄튼에게도 고마운 마음을 전한다. 브라이언은 인내심이 많고 현명하고 친절하며, 그의 조언이 아니었다면 이 책을 쓰지 못했을 것이다.

벳시와 나는 온사이트 워크숍의 친구들과 그곳의 리빙센터드프로그램Living Centered Program에 감사의 마음을 전한다. 그들이 사람들을 돕는 독특한 방법과 마일스 애드콕스, 빌과 로리 로키의 놀라운 우정이 없었더라면 나는 지금도 방황하고 있었을 것이다.

스토리브랜드의 직원들이 없었으면 나는 이 책을 쓸 시간을 내지 못했을 것이다. 그들 덕분에 회사가 잘 돌아갔다. 사무실 분위기를 집처럼 편하게 만드는 팀 슈러, 카일 리드, 카일 힉스, 케이든스 터핀에게 감사한다.

사운드트랙 앨범에 수록된 아름다운 노래들을 만들어 준 친구들에게도 고마운 마음을 전한다(이 책의 공식 홈페이지에서 들을 수 있다). 그들은 우리에게 마음과 재능을 나눠 주고 우리가 노래를 통해 아름다움을 경험하고 하나가 될 수 있게 해주었다.

밥 고프에게도 감사한다. 밥은 나에게 인간관계를 잘한다고 계속 말해 줬다. 밥이 없었으면 이 이야기에서 나의 성장도 변화도 없었을 것이다. 오랫동안 신실한 친구가 되어 줘서 정말 고맙다. 밥, 형도 인간관계 참 잘합니다.

끝으로 독자들에게 감사한다. 나는 지금껏 오랫동안 작가로 활동했지만 여러분이 아니었다면 계속 활동할 수 없었을 것이다. 나는 회고록 작가로서 글을 쓰지만 내 목표는 우리가 공유하는 이야기를 전하는 것이다. 신비로운 방법으로, 나는 이 책이 우리를 서로 연결해 주길 빈다. 그러한 연결이 나를 지금껏 치유해 오고 있음에 감사한다.

옮긴이 최요한

번역가로 오래 일했다. 요즘은 몸을 쓰는 일도 함께 하며 머리와 몸 사이에 일어나는 일도 일종의 번역이라는 걸 깨우치고 있다. 옮긴 책으로 《약탈사늘》(옐로브릭), 《로컬의 미래》(남해의봄날) 등이 있다.

두려움 없이 사랑하고 싶어서

초판 1쇄	2016년 8월 10일
초판 2쇄 발행	2018년 4월 25일
개정판 발행	2025년 6월 25일
지은이	도널드 밀러
옮긴이	최요한
발행인	임혜진
발행처	옐로브릭
등록	제2014-000007호(2014년 2월 6일)
전화	(02) 749-5388
팩스	(02) 749-5344
홈페이지	www.yellowbrickbooks.com

Copyright ⓒ 옐로브릭 2016
ISBN 979-11-89363-27-7 (03840)